国际贸易与经济发展系列丛书

中印开放与增长的路径比较：制度经济学的视角

王芳 著

中国财政经济出版社

图书在版编目（CIP）数据

中印开放与增长的路径比较：制度经济学的视角/王芳著.
—北京：中国财政经济出版社，2009.1
（国际贸易与经济发展系列丛书）
ISBN 978-7-5095-1138-1

Ⅰ.中… Ⅱ.王… Ⅲ.比较经济学-中国、印度 Ⅳ.F12
F135.1

中国版本图书馆 CIP 数据核字（2009）第 199803 号

责任编辑：张　铮　　责任校对：张全录
封面设计：耕　者　　版式设计：兰　波

中国财政经济出版社 出版
URL：http：//www.cfeph.cn
E-mail：cfeph@cfeph.cn

社址：北京市海淀区阜成路甲 28 号　邮政编码：100142
发行处电话：88190406　财经书店电话：64033436
北京财经印刷厂印刷　各地新华书店经销
880×1230 毫米　32 开　7.625 印张　200 000 字
2009 年 1 月第 1 版　2009 年 1 月北京第 1 次印刷
定价：28.00 元
ISBN 978-7-5095-1138-1/F·0958
（图书出现印装问题，本社负责调换）
本社质量投诉电话：010-88190744

本书受教育部“985工程”项目资助，
特此致谢！

前言

历史上，中国和印度经济基础非常相似，20 世纪八九十年代又先后走向开放，开始了大国的崛起之路。然而，中国和印度经济增长的路径差异恰恰出现在开放之后，如果可以单纯地用开放与经济增长的联系机制来解释这一差异，那么两国的经济增长模式应该趋同而不是趋异，为此，笔者推测，并非开放直接导致了这些差异，而是更深层次的原因作用于开放与经济增长的联系机制的链条，改变了开放影响经济增长的效果。通过进一步研究，笔者发现是两国开放的制度环境的差异最终导致了两国经济增长路径的差异，而在制度环境中不是单个制度而是制度配合影响了两国的要素积累和技术进步。

本书由 8 章组成，第 1 章引言部分提出了本论题的研究意义，并对相关文献从五个方面作了详细的总结，这些文献综述构成本书研究的第一个理论框架。

在第 2 章的分析中，按照笔者的研究思路，提出了开放和制度的经典研究框架，界定了“开放”和“制度”在本书的研究中的内涵，并总结了不同类型的开放，以及制度与经济增长在理论上的联系机制；区分了制度框架中的制度环境、制度安排、制度创新、制度变迁以及路径依赖等概念；着重指出了制度改进秩序的功能；区分了制度与政策的区别和联系。

因为制度的一个重要特点之一是用于解释长期的经济增长，在本书的第3章则通过回顾两国开放前的历史和制度环境，总结出影响开放后制度变迁的路径依赖。此处隐含的问题反映了笔者的一个观点，即正是由于这些路径依赖的锁定作用，决定了两国在开放后的经济增长路径的差异。

第4章对中国和印度开放与经济增长的典型事实分为三个部分进行梳理：（1）经济增长的对比，包括经济增长率、人均GDP增长率和产业结构的差异；（2）开放程度的对比，包括商品贸易和服务贸易两部分，其中对于商品贸易的进出口格局细化到SITC（国际贸易标准分类）两位数的层次，对于服务贸易，也根据WTO数据库中的分类细化到行业和部门；另外特别总结了两国软件业出口的数据；（3）外资流入的对比，从流入数量、行业、来源地和组成四个方面进行对比。

第5章和第6章是本书的核心部分，通过两国开放的制度环境的对比，分离出开放与制度的联系机制。在第5章的分析中，首先论证了制度与政策的区别和联系，然后根据已有的“政策互补”（Policy Complementarity）的思路构造了“制度配合”的分析框架。这一框架来自Acemoglu等（2001）对殖民地国家的起源的研究和Djankov等（2004）通过研究产权配置的极端状态“无序”和“专制”而提出的“制度可能性边界”（IPF）等两维制度配合框架的启发，并吸取Gallego - Loayza（2002）Calderón and Fuentes（2005）对拉丁美洲研究使用的“政策互补”框架，通过计量经济学中的主成分分析法，构造出影响中国和印度的不同制度配合的集合，即公共因子，进而通过比较这些公共因子的经济意义来说明两国制度环境的差异。最后一节是动态分析，简要分析开放对制度变迁的作用渠道，以及后者如何影响改革开放的渐进性。

第6章结合具体的贸易开放、金融开放和投资环境，比较两国的制度环境，以及这些制度环境如何影响这些具体部门的开放效果。其中，外资是对制度环境最为敏感的一种开放，不仅需要宏观的制度环境的契合，更需要微观环境的制度基础，即“投资环境”。本章根据两国的特点将制度区分为三个维度，详细分析了投资环境对中印两国产业结构形成的影响。探讨了两国服务贸易的制度环境差别，进而对目前中印比较中的热点问题，两国软件行业发展的差异提供了解释。在讨论金融开放的制度环境时，引入了对金融开放与金融发展关系的考察，探讨了为何相对贸易开放而言，经济增长对金融开放的敏感度更低等热点问题。

第7章从两个层次对制度与经济增长的近因进行实证检验。首先按照 Hall-Jones（1999）使用的“劳动增进型”生产函数对两国进行产出分解，计算出物质资本、人力资本和全要素生产率（TFP）对两国经济增长的贡献。然后，构造时间序列，比较各种制度和制度配合对两国物质资本、人力资本和全要素生产率的不同影响，为了说明制度与经济增长的因果关系以及长期稳定关系，该节先后对回归变量进行单位根检验，并对 OLS 回归结果的残差进行单位根检验来判断协整关系。

第8章为结论和未来的研究问题。通过理论和实证两个方面的研究，本书探讨了中印开放与增长路径和效果的差异及原因，并提出了一个中心命题：并非开放直接导致了这些差异，而是开放的制度环境作用到开放与经济增长的联系机制的链条，导致了两国开放影响经济增长的效果的差异。而且，在制度环境中不是单个制度而是制度配合作为深层次原因影响了两国的要素积累和技术进步这些经济增长的“近因”，进而导致中印两国增长路径和效果出现差异。

从研究的方法上来看，本书是一部规范的经济学研究著作。然而笔者的出发点依然是解释目前中印经济比较讨论中的一些热点问题。作为两个有着悠久历史的发展中大国，中国和印度的经济发展模式是独特的，中国“新颖”的开放路径和印度“异类”的增长路径正在唤起人们对经济增长的重新思考。经济增长现象虽然可以用数字来简单描述，但是原因却是复杂的，甚至很多时候超出了经济学的解释能力。无论如何，对于两个制度对经济生活影响之深的国家，本书选取的研究视角应该具有一定程度的说服力。

不同于以往的制度分析方法，本书的一个重要创新点是在对现有理论文献从一个新的角度进行梳理的基础上，提出了“制度配合”的概念，强调各种制度如何在开放的条件下相互配合，对开放与经济增长的联系机制产生影响，进而影响开放的效果，从而为比较跨国（特别是两国）经济增长路径的差异提供一个相对完整、有效的制度分析框架。

据此，我们可以对比较容易地对当前困扰中印比较问题中的几个难题作出初步解释。比如，为什么中国的经济增长一直快于印度，以进出口总额占 GDP 的比例测度的贸易开放度也明显高于印度，外资流入是印度的十倍？从制度配合的角度可以在一定程度上解释这个原因。

印度虽然有民主的政治体制、相对中国更健全的法律体制，但是在市场制度方面表现为僵化和顽固。在中国和印度这样劳动力作为丰裕要素的国家，外资一般会流向具有比较优势的产业，以非熟练劳动为主体的产业将具有更大的获利空间。中国正是靠制造业的外资流入，实现出口和经济绩效的卓越表现。而印度的制造业劳动力市场由于受《劳资争议法》的保护，造就了一大批劳动贵族，不仅生产效率低下，而且阻碍了其他工人进入制造业部门，更无法吸收农村剩余劳动力。在这里，健全的法律体制与民主、劳动力市场管制发生了不恰当的配合，不仅影响了开放的效果，也加大了制度变迁的难度。

相反，软件行业的发展却需要不同的制度配合，如高技术含量、健全的法制和金融制度、良好而悠久的教育制度等。而恰恰这些制度在印度比较健全、制度配合相对完善，加上国家产业发展目标带来的优惠政策，使软件行业的外资能在这些制度的配合下，与印度的低成本的、讲英语的熟练劳动力群体等要素禀赋相结合。另外，来自印度本土发展迅速的软件企业创造的竞争环境，引致高质量的外资流入软件部门，推动了“软件大国”的崛起。

外资流入是受非正式制度影响最深，因而也是对制度环境最为敏感的开放形式之一。由于殖民地的阴影和计划经济时代形成的自力更生观念，印度在对外资开放上设置了正式制度、非正式制度和制度的三重防护体系。其中，允诺开放但又同时制定例外条款构成了正式制度方面的最主要的防护体系。正式制度方面的防护体系还包括《外汇管理法》遗留下来的要求技术输入的传统，对外资的技术投入加以限制。在非正式制度和制度的执行方面，无效率的磋商机制和僵化的审批制度抑制了外国投资者的热情。这些制度配合在一起效果更为强烈，成为印度外资流入的天然屏障。

本书的另一个创新之处是笔者通过制度经济学中的“路径依赖”理论发现，在开放前，两国的各项制度基础即呈现出很大的差异。如印度靠许可证实施的管制体系、制度形成的调和主义特征、中国的政企职责不分造成的国有企业效率的低下等，这些旧制度所规定的社会运行范式对制度变迁的方向与速度具有锁定的作用。正是由于这些路径依赖的锁定作用，决定了两国在开放后的经济增长路径的差异。

开放后，上述制度基础锁定了两国制度变迁的方向，从而使两国的制度环境和变迁呈现出不同的特征。比如，在贸易领域，中国贸易开放的制度环境和变迁深深地刻上了转型的烙印，反映出为改革开放保驾护航的特征。而印度由于其特有的自力更生、僵化的、调和的以及要求共识的制度环境和变迁模式，制约了其在 WTO 框架下开放的速度和程度。再如，在渐进性改革和开放的问题上，由于两国固有体制造成的政府作用不同，中国的渐进性与制度转型密不可分，而印度追求“技术性共识”的制度选择特征往往导致政府主导的诱致性变迁的失效。这些制度差异最终导致两国的经济增长模式无法驶向统一的方向。

目录

第1章 引 言

归根结底，通过制度的演化，人类世界从一种无序的自然状态演变为有序的现代社会。这是一个随机过程，以至于我们所观察到的实际发生的一切仅仅是制度轮转的一次轮回而已。唯一的问题是，这个轮转是否偏斜。

Andrew Schotter（1981）

1.1 问题的提出

中国和印度都曾是泱泱大国，文明古国。根据 Maddison (2001) 的统计，直到19世纪早期，中国和印度还是世界上最发达的两个国家。两国的GDP之和占世界GDP的50%，科技发明也层出不穷；而在近代向工业化国家的转型过程中，又同时出现"李约瑟之谜"（*The Puzzle of Needham*）。[①] 1840年鸦片战争把中国推向了半殖民地半封建社会。而印度则是亚洲最早被殖民和最彻底

① 即现代科学为什么只在欧洲文明中发展，而未在中国（或印度）文明中成长。Needham，Joseph（1964），*"Science and Society in East and West"*，Science and Society，1964，4：385－408.

被殖民的国家，1609 年起东印度公司在印度沿海建立移民据点，1757 年开始向内陆扩张领土，1858 年英国政府正式接管印度的统治。资料显示，中国和印度都曾经非常深入地卷入了第一次全球化的浪潮，尽管形式和内容是非常惨痛的。① 二战后，印度和中国先后建立自己的主权国家，并确立了基本的政治和经济制度。印度移植英国的议会民主制，并将苏联的计划经济改造吸收，创建了“混合经济”体制。中国则实行社会主义民主集中制和完全的计划经济体制。在经济政策上，和大多数发展中国家一样，20 世纪六七十年代，两国分别采取“进口替代”和重工业优先发展的“赶超战略”；20 世纪八九十年代，两国先后走向开放，经济增长率迅速提高，在第三次全球化浪潮中处于醒目的位置，开始了大国的崛起之路。

在经典理论“纯经济”的考察中似乎不足以区分出中国和印度的经济发展差异，以至照这样的趋势看下去，中印的前世、今生以及未来都将毫无悬念地相似下去。然而，中国和印度经济增长的路径差异正在不断吸引全世界的眼球，特别是随着近年来中国经济增长速度的逐步放稳和印度经济 20 年来的持续增长（除去 1991 年危机年份），理论界逐渐把研究的视角从对两国共性的研究转移到对两国增长路径的差异以及增长潜力的分析上。

目前，国内外的理论和实证研究基本停留在对两国经济增长模式的简单对比或对两国经济增长的“近因”的解释上，尚未脱离新古典或新经济增长理论的框架。如 Panagariya（2006）详细分析了两国 20 年来商品和服务贸易结构、外资流入和经济增长率的差

① 通常认为第一次全球化浪潮是从 1870 年一直持续到第一次世界大战爆发，运输业的进步和贸易壁垒的削减是这次浪潮形成的诱因。第二次全球化浪潮大约从 1950 年持续到 1980 年，这次浪潮集中在发达国家的一体化进程上。最近一次全球化浪潮始于 1980 年，运输业发展和通信技术进步相结合，以及大批发展中国家通过开放，其国际贸易以寻求海外投资促成了这次浪潮。

异；Bosworth and Collins（2007）使用了一个简单增长核算框架，详细比较了1978—2004年间两国劳动、资本、教育和全要素生产率（TFP）对其农业、工业、服务业三大产业以及总经济绩效的贡献度。Fan and Felipe（2005）充分讨论了1980年来两国资本积累、收益率、投资率、资本生产率以及技术过程的模式的差别，并因此得出未来印度主要面临如何提高投资率从而进一步加速增长的挑战，而中国则面临随着投资收益率和资本生产率的下降以及如何保持经济增长率的难题。要素投入和全要素生产率的差异的确会引起两国经济增长路径的差异，但是为什么两个经济背景极其相似的国家在开放后会出现要素投入和全要素生产率的差异？究竟是开放直接导致这些差异，还是有更深层次的原因？

几乎从斯密时代开始，经济学家就开始关注开放和经济增长，此后，开放（特别是贸易开放）是否会影响经济增长，一直是国际贸易甚至经济学领域的常青话题。Agenor and Montiel（2004）总结了商业开放度对经济增长影响的两种机制：首先，在金融开放的前提下，增加商业开放度会带来较大的国内贸易部门，而这就可能降低外部债权人向国内借贷时所要求的风险贴水。在新古典经济学的假设下，这可能会导致国内经济中较大的稳定状态的资本存量，从而使得转型过程中有更快、由积累所驱动的经济增长。在内生增长理论中，出口和进口可以增加国内经济与新技术的接触，从而有利于采用新技术并提高生产力增长率。[①] 然而，随着发展中国家不断纳入开放格局，这些经典结论受到前所未有的挑战。基于发达国家成熟市场经济体制发展起来的新古典增长理论和新增长理论，在解释发展中国家的实情时，结论开始含糊不明。

---

① ［美］皮埃尔·R. 阿根诺、［美］彼得·J. 蒙蒂尔：《发展宏观经济学》，北京大学出版社2004年版。

制度经济学的发展极大地丰富了关于开放与经济增长关系的考证和说明，在将制度视为“自然状态”的一部分，因而在被剔除掉的新古典增长理论和将技术内生化、而将制度视为外生变量的新经济增长理论之外，提出了解释经济增长的“第三种方法”。[①] 因而制度、制度环境、制度安排、制度变迁、制度创新这些概念在解释开放和经济增长的关系的过程中得到很好的运用。例如，在近期关于经济史的研究中，在分析封建经济体制向市场经济体制转型的动因时，一个相当普遍接受的解释是：航海术的发展以及对外贸易的增加扩大了市场规模，引起基本经济制度的变迁，从而引起经济增长质的飞跃。又如，Acemoglu，Johnson and Robinson（2002）在解释前欧洲殖民地国家贫富逆转的问题时，充分考察了制度在现代世界贫富格局形成中的作用，认为欧洲人的干预创造了一张“制度安排的颠倒”，在富裕的地区实行掠夺性制度，而在人口稀少的地区为了移民的需要建立起良好的私有财产制度。

制度经济学同样被广泛地应用于近代对发展中国家的经济研究中，开放和经济增长的关系因而有了“新解”。例如，Rodriguez and Rodrik（2001）在 Dollar（1992）的回归方程式中加入发展中国家的虚拟变量时，发现贸易开放与经济增长之间的显著正相关关系消失，进而提出贸易开放很可能直接影响制度质量，再间接促进经济增长。

上述研究成果对本书要研究的中印开放与增长的路径差异提供了重要的思路，但是，有三个原因可能会影响分析的效果：

第一，目前理论界对“制度”和“开放”的概念尚未形成统一的理解，制度的内涵以及开放的范围的差别都可能影响研究

---

① ［美］西奥多·W. 舒尔茨：“经济与人的经济价值的不断提高”，载于［美］R. 科斯（Coase，R. H.）等著：《财产权利与制度变迁》，上海三联书店 1991 年版。

的结果；另外，制度的内涵，比如民主或集权制度与知识产权、法治等对制度质量的衡量之间往往相互影响；[1] 再如，就开放的范围而言，很多研究显示，贸易开放与金融开放具有相互促进作用。[2] 再者，如何区分开放、制度和经济增长的相关关系和因果关系，以及逆向因果关系，也为理论和计量分析增加了难度和不确定性。

第二，我们注意到，新制度经济学主要是运用制度的历史分析方法对经济史中的若干问题重新解释，而后者在经济发展的若干年后已经有了清晰的结果，这样逆向地去推出发展的原因，容易具有逻辑性和可操作性，而且制度经济学在解释基本制度的变迁时显得尤为有效。发展中国家的历史充其量只有 60 年，经济发展和开放的历史则更短。本书要研究的中国和印度则更短，20 年在世界经济的历史中只是短短地一瞬，很多制度变迁的结果可能尚未显现。这为本书的研究在一开始就设置了一道障碍。

第三，制度是一种高度抽象概括后表达出来的概念，不管是正式制度、非正式制度还是制度的实施，都需要政策活动在具体经济层面表达出来。其实，新制度经济学和新古典经济学一样，研究的对象还是经济政策（我们在下文将要引出制度安排的概念，从某种程度上说，开放作为一种经济政策，也可以视做一种制度安排，但是就本源来讲，开放是发展问题的一部分，因而在本书中开放是被赋予抽象意义的，它更多地反映一个现象，那就是发展中经济生

---

① Gerring, John (2005), "*Democracy and Economic Growth: A Historical Perspective*", World Politics - Volume 57, Number 3, April 2005, 323 - 364.

② Aizenman, Joshua (2004), "*On the Two Way Feedback between Financial and Trade Openness*", NBER Working Paper 10496. Aizenman, Joshua and Ilan Noy (2004), "*Endogenous Financial Openness: Efficiency and Political Economy Considerations*", NBER Working Paper 10144.

存环境的改变——离开“穴居”，置身于世界的大舞台）。[①] 然而，无论是新古典经济学还是新制度经济学，其研究目标都是最优的经济政策应该是什么。但问题是：实际政策与最优政策可能并不一致，因为前者是利益冲突的社会成员政治活动或公共选择的结果。

解决上述问题的比较好的研究路径是一方面引入完备的制度框架和广义的开放概念，找到制度与政策之间更宽泛的联系机制，另一方面把研究的侧重点放在开放的制度环境的构建上，即不仅仅是制度的不同，更可能是各种制度配合的不同导致了国家间经济增长路径的差异。

1.2 相关研究现状

由于本书要研究的从开放的制度环境的角度来寻找中印经济增长路径差异的原因尚属于开创性课题，相应的文献综述可归纳为以下五个方面：

1.2.1 制度与经济增长：一个历史回顾

将制度作为经济增长的原因曾经是经济学的优良传统，古典经济学家如亚当·斯密、大卫·李嘉图和马克思都曾经非常关注制度与经济增长的关系，他们都把历史上成功的经济增长看做是由有效的制度变革促成的。经济学对经济增长的探讨始于斯密的《国富论》。斯密认为，经济增长是一个宏观问题，它表现在社会财富或国民财富的增长上，而研究一国经济增长的核心问题便是增长的因

① Rodrik, Subramanian and Trebbi (2002) 曾经提到这个问题。他们赞同 Acemoglu, Johnson and Robinson (2001) 提出的政策有效性通过改善制度带来实质的经济收益。日本、韩国和中国的改革就是通过政策创新，最终引起经济制度的基本变迁。他们进一步将政策视做“流量”，而制度视为“存量”，是过去政策活动累积的结果。

素分析，这一问题应该是经济学体系建立的中枢。斯密分别考察了劳动、资本、土地和制度对经济增长的贡献，阐明了市场机制这只“看不见的手”，通过劳动分工、专业化与交易就可以促进经济增长。①

长期以来，新古典经济学家们却丢弃了这一传统，将制度视为外生的、给定的，如舒尔茨所言：“经济学家在陈述经济模型时的一个积习难改的特征是，他们并不提及制度”。② 库兹涅茨在把数据带入对经济增长因素分析的过程中，也部分地恢复了古典经济学家重视制度的传统，他认为，“一国的经济增长，可以定义为向它的人民提供品种日益增加的经济商品的能力的长期上升，这个增长中的能力，基于改进技术，以及它要求的制度的和意识形态的调整”。③ 技术进步是经济增长的一个潜在的、必要的条件，本身不是充分条件。技术进步与制度和意识形态的互动形成的结构变换速率是总的经济增长速度的“革命性的加速度”。

诺斯认为，许多经济学家将创新、规模经济、教育、资本积累和知识进展等等归入经济增长的原因，其实就是经济增长本身；而引起经济增长的真正原因是制度的变迁。制度变迁是从均衡到不均衡又回到均衡的过程。在各种因素使潜在的外部利润在现有的制度安排下无法实现时，新的制度就有可能建立，以降低成本。他认为，除非先行的经济组织或制度安排是有效率的，否则，经济增长不会简单地发生。④ 诺斯认为，经济增长的关键因素在于制度因素，一种能够提供个人刺激的有效率的组织需要在制度上作出安排

---

① ［英］亚当·斯密：《国民财富的性质与原因的研究》，商务印书馆 1994 年版。

② ［美］西奥多·W. 舒尔茨：“经济与人的经济价值的不断提高”，载于［美］R. 科斯（Coase，R. H.）等著，《财产权利与制度变迁》，上海三联书店 1991 年版。

③ ［美］西蒙·库兹涅茨：《现代经济增长：事实与思考》，载于《诺贝尔经济学奖金获得者演讲集》，商务印书馆 1985 年版。

④ ［美］道格拉斯·C. 诺斯：《经济史中的结构与变迁》，上海三联书店 1991 年版。

和确立所有权，以便造成一种激励，将个人的经济努力变成私人收益率接近社会收益率的活动。

1.2.2 开放与经济增长：一个历史回顾

从重商主义开始，人们就开始注意贸易与财富积累的关系，大卫·李嘉图基于比较成本的理论，提出对外贸易有利于资本积累的扩大，进而有利于国民财富的增长。① H－O 模型的结论是：通过国际贸易可以弥补国际间生产要素分布不均衡的缺陷，使各国都能更有效地利用各种生产要素，实现合理的国际分工，使贸易各国的生产率增长均得到提高。新贸易理论以规模递增为基础的劳动分工和以比较利益为基础的劳动分工相区别，认为资源差异和规模经济都是一国进行专业化和贸易的原因，只不过作用的前提条件不同，所以国际贸易会使产品种类数和劳动生产率同时增加。② 最早注意到贸易对增长的动态影响效应的是约翰·穆勒，他区分了贸易利益和发展利益，认为对外贸易的直接经济效益是有效地利用了世界的生产力，此外，还有间接经济效益。③ 杰罗德·迈耶对穆勒的观点进行了总结，他将贸易的动态影响概括为以下三个方面：通过市场范围的扩大引致更大范围的劳动分工，刺激技术创新，从而提高劳动生产率；通过进口竞争，增加储蓄和加速资本积累，从而促进经济增长；传输了新观念和消费的偏好，促进新产业的分化和成长，并通过转移技术、工艺和企业家精神带来教育效应。④ 其后的经济学家对贸易与增长的关系作了进一步的研究。20 世纪 30 年代，罗伯特逊提出了著名的“对外贸易是经济增长的发动机”的命题。马克斯·科尔登在他的《贸易对于增长率的影响》一书中，从需

---

① ［英］大卫·李嘉图：《政治经济学及赋税原理》，商务印书馆 1983 年版。

② 薛敬孝、佟家栋和李坤望：《国际经济学》，高等教育出版社 2000 年版。

③ ［英］约翰·穆勒：《政治经济学原理》，中译本下卷，商务印书馆 1991 年版。

④ ［美］杰罗德·迈耶：《经济发展中的主要问题》，牛津大学出版社 1989 年版。

求动力和供给动力两个方面分析贸易对于经济增长的影响。

同时，许多学者对贸易促进经济增长的发动机作用存疑。20世纪50年代，巴格瓦蒂在“普雷维什—辛格命题”的基础上，石破天惊地提出了“贫困化增长”论点。克鲁维斯认为，“对外贸易只是经济增长的侍女”，外贸既不是增长的充分条件也不是必要条件，而且还不一定必然对经济增长有益。这些观点得到了一大批发展经济学家的回应，他们从发展中国家在国际分工格局中所处的劣势地位出发，认为不应该过分夸大国际贸易对经济增长的促进作用，而且这种作用是否会产生积极影响以及影响程度的大小取决于特定的条件和传导机制。

1.2.3 政治经济学与制度的关系：一个综述

在西方世界的经济学思想传承中，存在着两种相互连接的思想来源：一是18世纪的亚当·斯密，二是19世纪的约翰·穆勒。前者描述经济运行，后者识别治理经济的规律，并将之转化为经济政策。他们所致力的经济学一直被描述为政治经济的科学和经济治理的艺术。直到20世纪，经济学还经常被称为“政治经济学”，“这一术语反映了当时的一种流行看法，即经济学与政治学是紧密联系的，政治因素在决定经济后果方面起到了决定性的作用”。[①]

在经历了大半个世纪的沉寂后，公共选择理论的诞生又一次建立起了政治经济学与制度之间的联系。根据布坎南（Buchanan，1986）的观点，政策决策者（政治家）是政治经济体系中的内生行动者，他们将根据自己的利益和目标而行动（未必与国家的利益相一致），并使公共政策最终成为社会中各种缺乏同质性的利益在“博弈规则”下达成的自愿协议制度。公共选择理论倡导“制

---

① Morgan，Mary S.（2001），“*The Foundation of* ‘*Mordern*’ *Economics*：*Engineering and Ideology*”，EH Working Paper，62/01.

度导向方法”，即经济学不应是研究资源合理配置的“选择的科学”，而应是研究人与人之间相互交换、冲突和合作等关系的“契约的科学”，因此对经济决策过程和制度规则的剖析才是经济学的主要命题。①

一般认为被赋予规范概念的“新政治经济学”崛起于20世纪70年代末80年代初，其所谓的“新”，在于将经济学的分析工具纳入政治过程的分析。新政治经济学还在研究领域中日益增强对利益集团作用的兴趣，特别是关于它们的行为特征（如“寻租”，克鲁格，1974；巴格瓦蒂，1982等）和组织特征（如“集体行动”，奥尔森，1965）以及“操纵”政策的影响。因此从很大程度上说，在一个多元化结构的社会中，公共政策反映了利益集团的权力结构和政治活动的结果。就好像“无形的手”调节着市场经济，也有“无形的脚”引导着不同个人或利益集团在政治市场中的交易和角逐（Grindle and Thomas，1991）。基于同样对契约的研究，诺思将新政治经济学亦纳入制度研究的范畴，将“寻租”、奥尔森的“分利集团”以及自己的“交易成本”并列为制度研究的三种方法。②所不同的是交易成本试图提供一种关于契约成本的基本理论框架，据此建立一个政治制度的一般理论，而寻租模型致力于建立政治体系的利益集团模型，界定一种决策规则结构，然后分析这些决策规则的结果。奥尔森模型虽然没有关于国家的明确模型，但分析了利益集团的相互作用，其结论是制度降低了体系的效率和生产力。

1.2.4 开放、制度与经济增长：经济学研究的新进展

随着制度经济学的发展，经济增长的影响因素逐渐被解析为两

① 盛斌：“国际贸易政策的政治经济学：理论与经验方法”，《国际政治研究》2006年第2期。

② ［美］道格拉斯·C. 诺思：“制度研究的三种方法”，载于［美］大卫·柯兰德编著《新古典政治经济学》，长春出版社2005年版。

部分，即“近因”（如要素积累、技术进步）和深层原因（开放、制度和地理）。在深层原因中，支持“开放假设”与支持“制度假设”曾经作为两种对立的观点出现在对经济增长原因以及跨国经济增长差异的考证中。Dollar（1992），Sachs and Warner（1995），Edwards（1998），Frankel and Romer（1999）以及 Dollar and Kraay（2003）等的经典文献都强调了开放通过促进市场一体化影响经济增长的机制。然而，更多的文献支持制度在决定长期经济增长中的首要作用，如 Knack and Keefer（1995），Acemoglu，Johnson and Robinson（2001、2004），Rigobon and Rodrik（2004），Rodrik，Subramanian and Trebbi（2002），Easterly and Livine（2001）。①

1.2.4.1 制度与经济增长：近期文献综述

在制度是促进经济增长的决定因素的支持观点中，弱的制度曾经作为滋生腐败的温床，降低个人和组织投资和提高生产率的动机，从而不利于经济增长。反之，明晰的产权制度、法治的有效实施、民主的制约平衡以及没有腐败的官僚等制度设置则为经济增长提供动力。

这里有两篇重要文献，一是 Acemoglu 等（2004）的《制度是长期增长的基本原因》；二是 Rodrik 等（2002）的《制度法则：经济发展中超越地域和一体化的制度的首要性》。

Rodrik 等首先分析了研究各国经济收入差距的三种代表性观点，即地理、国际贸易导致的一体化和制度。然后通过实证分析图 1.1 箭头所指代的关系强弱。分析结果显示，如果制度相同，三个因素中唯一一个外生变量地理因素充其量对于收入只有很微弱的影

① Diamond（1997），Gallup，Sachs and Mellinger（1998）以及 Sachs（2001）强调地理因素在决定长期经济增长中的不可替代的作用，认为农业生产率和人力资源的质量均由地理因素和疾病状况决定。

响①，但是地理因素可以通过影响制度的性质对收入产生间接影响③。同样，贸易对制度性质也有很大的影响⑤，但贸易对于收入完全没有直接的正面影响④。同时，收入和制度对贸易的逆向因果关系（⑥、⑦）也反应为不显著。制度环境的改善独立于收入变量⑧，并不简单地表现为更高收入⑨或更紧密的一体化⑤的结果。在接下来的计量分析中，Rodrik 提供了一个惊人的数字，即如果两个国家制度性质的差异相当于一个标准差，这意味着收入将产生 6.4 倍的差距。在后来的分析中，Rodrik 等进一步指出，制度对发展过程是极为重要的，但是对制度行使的各个功能而言，有许多形式可以选择。至于如何选择，虽然经济学家们可以通过识别出各种方案的激励效应，找到相应的平衡措施来提供某些帮助，但主要还是靠社会内部公众的商议和集体抉择。事实上，政治民主制是一种基础制度，它能使社会对需要的执行制度作出抉择。诚然，虽然民主制的程度并不能始终说明国家在某段时期内发展快慢的原因，但却能决定长期的收入水平。[①]

与 Rodrik 等不同，Acemoglu 等认为，可以解释穷国和富国之间的差距的三个因素是地理、制度和文化。其中，经济制度的差别是造成国与国之间经济增长差别的主要原因。虽然没有直接考虑贸易的因素，[②] 但是解释了制度对增长分析中的一个关键命题，即为什么有些国家会选择或最终因为不良制度而灭亡？他们指出这是由于政权的运用内含着承诺问题，取得政权的个人不能承诺不运用手

---

① Rigobon, Roberto and Dani Rodrik (2004), "*Rule of law, Democracy, Openness, and Income: Estimating the Interrelationships*", NBER Working Paper 10750.

② Acemoglu, Johnson and Robinson (2002) 研究 1500—1850 年间的西欧国家发展过程认为，西欧经济之所以能在这段时间内迅速发展起来，并且领先于世界各国，其根本原因就在于大西洋贸易的发展和殖民主义直接或者间接地带动了这些国家的制度变化。其中最显著的制度变化，也是对今后经济发展最有影响的经济利得就是：伴随大西洋贸易的发展而建立起来的制度有力地制约了君主专制，尤其是限制了君主对跨洋贸易活动的管束。

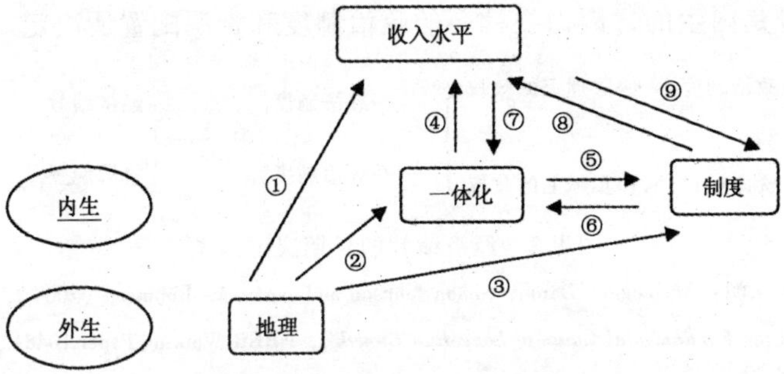

图 1.1 收入差距的深层次因素

资料来源：Rodrik，Dani，Arvind Subramanian，and Francesco Trebbi（2002），"*Institutions Rule*：*The Primacy Of Institutions Over Geography And Integration In Economic Development*"，NBER Working Paper 9305.

中的权力谋求自身的最大利益。事实上，并没有什么强制性的理由来认为社会能够自动地被良好的制度所吸引。制度不仅影响国家的经济繁荣，而且对于社会中个人和群体的收入分配起着关键作用。这种视角意味着由不良制度向良好制度的转变尽管会增加社会总收入，却可能被人为地阻碍，因为这样的一种改变会大大减少权力阶层从社会收入中得到的那一部分，却又无法给予他们相应的补偿。此外，承诺问题还将有助于解决另一个关键命题——为什么国家间的经济制度会有所不同？即制度选择问题。他们认为，社会冲突观点是解释这一问题的最有效途径。根据这个理论，经济制度并不总是由全社会来选择，而是由当时控制政权的集团来决定，因而并不总是有利于全社会的利益。这一集团将选择使自身租金最大化的经济制度，而这些制度未必与总盈余、财富或收入最大化相吻合。更复杂的分析框架如图 1.2 所示。

图 1.2 中，政治制度决定社会上法理政权的分配，而资源配置决定实际政权的分配。两者共同影响经济制度的选择，并影响未来政治制度的演进。经济制度决定结果，包括总的经济增长率和未来的资源配置。尽管经济制度是决定经济结果的基本要素，但由于它

们本身是内生的，因而被社会的政治制度和资源配置所决定。

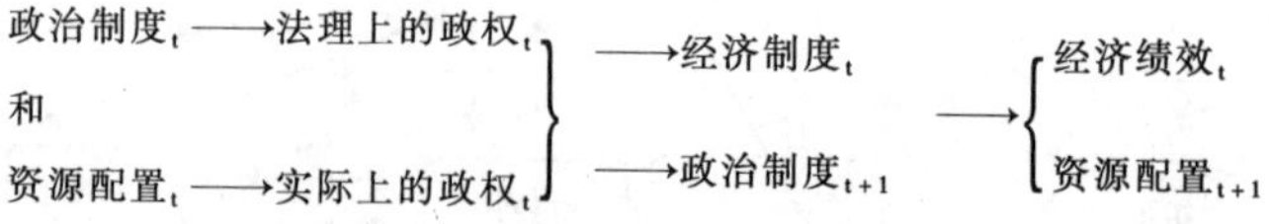

图 1.2　经济绩效的长期决定因素

资料来源：Acemoglu，Daron，Simon Johnson and James A. Robinson（2004），“*Institutions as the Fundamental Cause of Long-Run Growth*”，NBER Working Paper 10481.

大量的文献从实证的角度也支持了上述结论。由于研究的需要，制度被赋予不同的分类。根据制度的属性，通常分为政治制度、经济制度、社会制度，如民主和独裁、计划和市场，社会制度进一步分为正式制度和非正式制度，如健康保险制度和诚信。实证研究大多从如下三种关系展开：

第一，民主与经济增长。关于民主与经济增长的关系一直含糊不明。民主的支持者认为公民工作和投资的动机、市场的有效资源配置以及私人活动的利润最大化均需要一种自由、信息完全流动以及权利受到有效控制的氛围（North，1990）。民主可以限制国家对经济的干预，通常反映为公众对教育、司法和健康等领域的需求，从而促进稳定而长期的增长（Rodrik，2000a；Lake and Baum，2001；Baum and Lake，2003）。民主的反对者则认为民主不利于长期投资，不能实现资源快速流动，甚至引起社会冲突。更有研究者则对政体（而不是市场和制度）与增长的关系表示怀疑（Bhagwati，1995）。在实证领域，Khan（1998）构造了一个向量格的非线性模型，将韩国的经济置于一个演化的、路径依赖的制度矩阵内，来研究该国的循环制度体系（POLIS）的正向影响。Khan（2004）进一步拓宽该模型到巴拿赫（Banach）空间，证明了不同制度演化路径的多重平衡的存在，从而得出民主制度和法治创造了有益于经济增长和社会能力积聚的创新体系的证据。Ulukaev（1997）运用门捷列夫元素周期表比较了民主和经济发展的关系，指出人均

GDP与一国的社会政治结构类型密切相关，如人均收入超过1万美元的国家总是民主的，而民主似乎很少存在于人均GDP低于2000美元的国家。Rodrik（2000a）讨论了民主作为构建其他良好制度的“超级制度”的作用。在前社会主义国家，最成功的转型通常发生在最民主的国家，因而支持了实证中反映的民主可以：(1）使长期增长率建立在可预期的基础上；（2）使短期经济增长更平稳；(3）更好地处理经济冲击的影响；（4）传递更好的分配结果。

更多的民主对增长的跨国回归结果显示为负或没有影响（如Barro，1996；Feng，1997、2003；Krieckhaus，2004；Kurzman，Werum and Burkhart，2002；Przeworski and Limongi，1993、1997；Przeworski et al，2000）。Barro（1996）检验了民主与增长之间的非线性关系，得出当民主处于较低水平时有益于增长，而高水平的民主有损增长的结论。Acemoglu（2006）通过回归分析指出，尽管当今跨国分析显示民主与人均收入高度相关，但是并没有发现因果关系的证据。甚至放宽到100年，仍然不能发现因果关系的证据。可能是过去500年间政治和经济的发展路径在关键的接合点上相互交错，一些国家沿着民主和经济增长的路径发展，而另一些国家则遵循了一条专政、抑制和增长受到限制的发展路径。

在国内，杨小凯（2000）与林毅夫（2002）也曾就政治制度对长期经济增长的作用展开过讨论。杨小凯等认为，落后国家倾向于模仿发达国家的技术和管理，而不去模仿其制度，虽然可以导致落后国家的经济在短期内获得快速增长，但会强化国家机会主义，给长期增长留下许多隐患，甚至长期发展变为不可能。后发国家应由难而易，先完成较难的制度模仿，才能克服后发劣势，在没有模仿好先进国家的制度前是没有资格讲制度创新的。林毅夫则认为，后发国家并非要先实现英美式的宪政体制改革才可以避免后发劣势，发展中国家是否能利用和发达国家的技术差距来加速经济发展的关键在于发展战略，但只要能推进经济的发展，就是良好的制度。

第二，市场制度与经济增长。诺斯（1990）指出，市场的效率直接取决于制度面的架构。Rodrik（2002）指出，支持市场运行的制度主要包括五个方面：（1）安全稳定的产权。尤其重要的是能够完全控制资产的收益权；（2）监管制度。市场越自由，所要求的规范性制度也越多越严，例如，对不完全信息的后果进行规范的制度、反垄断的制度等；（3）宏观经济稳定的制度；（4）社会保障制度；（5）冲突管理制度。在对苏联、前东欧以及中国、越南等制度转型国家的研究中，市场制度作为一个经常出现的概念，其与经济增长的关系也被理论界广泛关注。很多研究认为，转型国家接受市场制度比接受其他改革更为紧迫（de Melo et al.，1997；Fischer and Sahay，2000）。在经济制度变量的实证选择方面，国外研究更侧重于选择和产权这一备受新制度经济学重视的因素有关的指数或经济变量，而国内学者更加愿意将制度变量用代表市场化及私有化的变量来表示。贺菊煌（1998）使用非国有工业增加值占GDP的比重作为制度变量来研究经济体制变革与经济增长的关系，根据回归分析的结果得出，非国有经济的发展是经济增长的最重要原因。宋德勇（1999）运用工业化指数、市场化指数、国际化指数作为制度变迁的变量，通过回归分析得出的结果显示，该三项指数可以解释年增长的95%，从而肯定了制度变迁（工业化、市场化、国际化）的过程是中国经济增长的主要驱动力。金玉国（2001）设计了四个制度变量：非国有化率、市场化程度、国家财政收入占GDP比重和对外开放程度，通过动态关联分析得到以下结论：市场化程度对1978—1999年间中国经济增长的影响力位居第一，产权制度改革的影响力仅次于市场化改革，名列第二。王文博等（2002）则以社会占有财富程度代替金玉国模型中的国家财政收入占GDP比重来测度制度变量，回归分析结果显示，技术进步和制度创新在改革开放后对中国经济增长具有重要作用，使要素效率提高，技术和制度创新共同推动综合生产率提高，对经济增长贡献率为42.4%，拉动经济增长3.25个百分点。关于印度的实证却很难发现相应证据。Rodrik and Subramanian（2004）分析了印度经济增长转变之谜，指出和20世纪90年代的增长不同，印度政府在20世纪80年代采取了有益于企业发展的政策，而20世纪90年代则采取了有益于市场的政策。Panagariya（2004）进一步将Rodrik and Subramanian提出的20世纪80年代的增长解释为脆性增长，而真正的增长转变是由于经济自由化引起的。

第三，反映制度质量的宏观和微观指标与经济增长的关系。Acemoglu等（2002）、Assane and Grammy（2003）对制度与增长之间的因果关系进行研究，证明制度质量越高，人均收入水平越高，经济增长率也越高。Gwartney，Holcombe and Lawson（2006）以“经济自由度”来衡量一国的制度质量，检验制度质量对投资进而对经济增长的影响，并得出结论：制度质量越好，私人投资率越高，投资的生产效率也越高。同时，制度质量通常用更具体的或者微观的指标来描述，如法治、产权、腐败等。Knack and Keefer（1995），Mauro（1995），Hall and Jones（1999）以及Rodrik（2000a）证明了产权保护和经济发展呈正相关。在一份关于西北部尼加拉瓜的研究中，Foltz等（2000）发现土地所有权的文件越正式，相应的对树木等的投资越多。Alston等（2000）对巴西亚马逊河流域的研究中也发现了相似结论，土地所有权给私人农场主提供了长期计划土地使用的可能，因而降低其破坏森林等自然资源的倾向。Mauro（1995）首次估计了腐败对经济增长的影响。他使用9个反映制度有效性的指标，包括政治变迁、政治稳定、反对党颠覆政权的可能性、劳动力的稳定性、与邻国的关系、恐怖主义、司法体系、官僚和红头文件以及腐败。国家的得分数为1～10，其中1对应腐败的最差情形。所有指标相互之间高度相关。结果显示，腐败对投资率有很强的负面影响，腐败指数增加一个标准差，投资将相应增加 GDP 的 2.9%，官僚有效性增加一个标准差，将提高相当于 4.75% 个 GDP 的投资。为避免双向因果问题，Mocan（2004）的分析结果则显示，尽管很难建立腐败对经济增长的直接联系，但是腐败的降低将改善一国制度的有效性，从而促进经济增长。

另外，尽管诺斯明确强调非正式制度在制度经济学中的位置和作用，上述研究仍然建立在对正式制度的分析和估计上。近来有部分文献开始着眼非正式制度与经济增长关系的研究。在这些文献中，非正式制度被描述为“社会资本”（*Social Capital*）或“文化规范”（*Cultural Norms*），包括惯例、诚信、合作规范等（Putnam, Leonardi and Nanetti, 1993；Knack and Keefer, 1997；Guiso et al., 2006；Tabellini, 2005）。如 Tabellini（2005）使用居民死亡率和新教徒的比重作为文化因素的工具变量，检验了欧洲各国文化对人均收入的影响，发现文化差异对解释欧洲国家间的经济增长差异具有重要作用。Knowles and Weatherston（2006）进一步检验了 Tabellini 的结论，将非正式制度与开放、地理因素归结为经济增长差异的深层次决定因素，并指出，在某些特定的情况下，非正式制度的作用甚至超过正式制度。

经济增长是一个复杂的社会现象，其影响因素众多，层次也比较复杂。新古典增长理论和新增长理论的出现奠定了物质资本、劳动和人力资本作为解释经济增长的“近因”的基石作用。新制度经济学关于增长理论的深层次的因素分析最终还是要落到对“近因”的解释上，才能更好地说明制度与经济增长的关系，正所谓“原因的原因”。制度对经济增长的联系机制主要反映为一种激励机制，使个人和组织有动力投资于物质和人力资本，采用更有效的技术（Acemoglu, 2004）。Hall and Jones（1999），Doucouliagos and Ulubasoglu（2004）通过实证研究表明，各国间的物质资本积累、人力资本积累以及生产效率进而劳均产出的不同，是由于制度和政府政策的不同导致的。Tang 等（2003）证明制度质量和技术变迁具有极强的正的因果关系，更好的制度质量可以加速技术变迁。Bloom，Canning and Sevilla（2002）的研究找到“强有力的证据”证明技术扩散并不具有完全的收敛趋势，技术落后国家的技术进步还受制度的影响。国内学者，如王金营（2004）估算了中国在1978—2001年间，制度变迁对人力资本和物质资本在经济增长中发挥作用的具体影响，以非国有经济固定资产投资占全社会固定资产投资的比重的变化来表示制度变迁，测算出在过去20多年间，中国人力资本在经济增长中的直接贡献度高达14%左右，而物质资本积累仍然是经济增长的主要贡献因素，制度创新主要围绕物质资本展开。

1.2.4.2 开放与经济增长：近期文献综述

在本小节第2部分关于开放和经济增长的历史回顾中，我们得出贸易对经济增长的影响是不确定的结论，即使在新增长理论和新贸易理论的框架下，贸易和经济增长的关系也难以得到满意的答案。Grossman and Helpman（1991）指出，贸易开放能否促进持续稳定的经济增长取决于一国进出口产品的类型。如果贸易壁垒鼓励在资本密集型部门具有比较优势的国家增加该部门的投资，贸易障碍的存在会促进长期的增长率，此时自由贸易是不利于经济增长的。

在实证领域，Dollar（1992），Sachs and Warner（1995）以及Francel and Romer（1999）等支持贸易促进经济增长的经典文献也受到越来越多的质疑。如，Rodriguez and Rodrik（2001）在Dollar（1992）的模型中加入代表拉美、东亚和南撒哈拉地区的虚拟变量之后，发现贸易扭曲变量对经济增长的影响失去显著性。Sachs and Warner（1995）从关税率水平、非关税覆盖率、经济体制、出口体制和黑市溢价这五个方面对79个国家的开放度分别构造了0~1的变量，将人均GDP增长率对开放度指数、投资率、政府支出占

GDP的比重、教育和国内发生暴乱的次数进行回归，发现开放度与人均GDP增长率显著正相关。但是Rodriguez and Rodrik（2001）发现，如果把这五个方面分别加入回归方程时，关税率和非关税覆盖率这两个指标与人均GDP增长率之间没有显著相关性，而且出口体制和黑市溢价在这些变量中的统计显著性较高。另外，Wacziarg and Welch（2005）采用Sachs and Warner在1995年提出的方法，将数据更新后重新进行跨国回归研究发现，20世纪90年代以来各国贸易政策开放对经济增长的促进作用并不显著。Frankel and Romer（1999）试图直接回答贸易是否引起增长这个问题，而不仅仅是满足于验证二者之间的相关关系。为了避免内生性问题的发生，他们分离出一些不受收入水平和政府政策影响的地理变量来代表贸易开放水平，将其对人均收入进行回归，结果发现贸易开放的工具变量和人均收入之间存在显著的正相关关系。Wei（2000）将国家规模、地理位置和语言种类等地理变量定义为一个国家的“天然开放度”，认为一国的天然开放度越高，腐败水平越低。从这个意义上看，Frankel and Romer（1999）的研究结果也可以解释为腐败水平对一国的人均收入水平有负向影响。

实证经济学的发展也为研究金融开放和经济增长的关系提供了可能性，使我们得以拓宽对开放的研究范围。从理论上看，金融开放可以改善一国资本的配置效率、分散风险、引进先进的技术和管理技能，从而对经济增长应该产生正向的影响（MacDougall，1960；Grossman and Helpman，1991；Borensztein，De Gregorio and Lee，1998）。然而从近年实证研究的结果中却难以捕捉到金融开放和经济增长的因果关系。普拉萨德等（Prasad et al.，2004）总结了关于金融一体化和经济增长的14项最新研究成果，大多数文章没有发现金融一体化对发展中国家产生影响，或者发现的影响不一致。在仅有的三篇发现有利影响的文章中，比较有代表性的是Gourinchas and Jeanne（2003）采用的新古典增长模型来测量国际金融一体化带来的益处。在新古典框架中，国家间人均GDP的差异可以分解为人均有形资本、人均人力资本以及生产力三个方面的差别。他们计算了82个非经合组织国家的有形资本、人力资本和生产力水平，并将实际观察到的有形资本水平和假设国家能够按照世界利率自由借贷的理论水平进行比较，计算出各国开放的福利增益相当于国内消费永久性增加的百分点。尽管各国由于资本贫乏程度不同、增益有所不同，但总体而言，似乎明显小于发展经济学家和决策者的预期。

1.2.4.3 开放、制度与经济增长：近期文献综述

尽管在理论上存在开放促进经济增长的机制，但是上述研究表明，在实际分析中往往难以捕捉到开放有益于经济增长的证据。在近期的研究中发现，开放与制度并不是孤立的两个概念，开放只是为经济增长提供了更多的机会，但远不是一个充分因素，特别是在发展中国家，需要一定的限制条件——那就是制度的配合。基于此，在关于“开放假设”和“制度假设”的两种对立分析中其实不难找到相互关联的证据。①

---

① Sachs and Warner（1995）提出的测度开放度的指标经常为以后的研究文献所引用。它们分别是：中间产品和资本品的平均关税率超过40%，非关税覆盖率达到40%、相对于官方汇率的黑市溢价达到20%，社会主义经济体制和国家垄断主要出口的出口体制。Rodrik（1998）提出增长率与制度的公式也在制度假说中具有代表性的意义。增长率的变化 = f［ - 外部冲击（近期的社会冲突/冲突管理制度）］，其中，外部冲击主要表现为贸易条件的变化，近期的社会冲突由收入不平等表示，冲突管理制度由民主、法规或者公共社会保障支出测量。Sachs and Warner（1995）所定义的开放其实是一个宽泛的政策概念，试图确定一些影响贸易份额的政策。Sachs and Warner（1995，1999）也曾指出，贸易开放国国内制度的薄弱，会鼓励部分利益集团为了迅速获得各自的利益而从事资源消耗型的活动，从而对长期经济增长造成损害。Rodrik（1998）的制度蕴涵了一个窄的政策观点。其实，在Rodrik的公式中，外部冲击主要表现为贸易条件的变化，该公式表达的意义是：如果负面的外部冲击引起社会冲突，则外部冲击带来的损失将会被扩大；但是，适当的制度将会缓解这种扩大效应，保证社会迅速作出必要的调整。

迈因特（Myint，2002）考察了东亚的情况，分析国际贸易在什么样的国内制度框架中才能成为推动经济发展的积极因素时指出，改善社会基础设施和建立适应广泛分散在农村的小农和小企业家所需要的组织和制度，为韩国和中国台湾扩大劳动力密集型的制造业出口开辟了道路。Winter（2004）指出，由于自由贸易能扩大经济主体的选择机会集，因此自由贸易政策大部分情况下是能够促进收入增加的；但是，如果要在长期内促成经济增长，需要贸易政策与其他良好的政策相配合。贸易自由化和增长之间的联系通过其他政策和制度连接起来，而其他政策和制度也可能受贸易自由化影响。Bolaky and Freund（2004）采用跨国回归分析发现，只有在不存在过分管制的国家，才会存在贸易开放促进经济增长的效果。Chang，Kaltani and Loayza（2005）构造了一个存在扭曲的国内劳动力市场模型，分析指出，贸易自由化改革要取得成功必须具有一定的制度基础；如果实行贸易自由化改革的国家存在其他政策性扭曲，那么贸易改革对生产效率的影响方向将是不确定的。如果劳动市场扭曲严重，贸易自由化改革会降低生产效率，反之则会提高生产效率。因此，贸易开放的效果需要一定的制度环境来保障。López-Córdova and Meissner（2005）研究发现国际贸易对一国民主制度的选择和建设发挥了非常重要的作用。促进经济一体化可以通过促使加强建立更好的制度，从而促进经济发展。

关于金融开放，普拉萨德等（Prasad et al.，2004）引申出的一个问题是，各国由于资本贫乏程度不同增益有所不同，总体而言似乎明显小于发展经济学家和决策者的预期。但这部分增益并不一定真的很小，更确切地说，隐含的一个问题是如果一体化带来的增益很大，它的基本渠道也不是提高国际配置效率，而是其他一些更加间接的、未能在新古典模型中得以体现的。因而，普拉萨德等（Prasad et al.，2004）分析了源于国际金融一体化的增长较低的原因，认为非经合组织国家发展程度较低的主要原因并不是缺乏资本，而是生产率受到体制质量、经济政策和其他因素的制约。一个事实是，如果国内公共治理水平太低，金融一体化可能导致国内资本外流，从而降低生产率。①

最新的文献进一步考察了资本账户自由化、制度和经济增长的关系。Castro，Clementi and MacDonald（2004）采用一个模型、使用跨国数据分析得出，尽管更好的制度会增加投资需求，国际资本流入依然会使利率更为稳定。资本账户越开放，投资者保护对经济增长的积极影响越显著。Klein（2005）运用71个国家的截面数据估计在不同制度下经济增长的变化情况，结果显示制度质量与经济增长之间呈现一种“倒U”型的关系，资本账户自由化对经济增长的影响随制度质量而变，中高收入的国家资本账户开放对经济增长具有统计显著性，受益明显；而在高收入国家，却呈现微幅负相关。Alfaro，Kalemli-Ozcan and Volosovych（2006）通过研究资本流动在选择国家30年的数据发现，制度质量是引起资本流动的决定因素。

开放、制度与经济增长关系的研究，以及制度经济学与政治经济学在研究方法上的紧密配合，还对开放的内涵提出了很大的挑战，麦金农（1993）针对发展中国家经济危机提出的经济市场化的次序的论断也受到前所未有的挑战。Aizenman and Noy（2004）发现贸易开放和金融开放相互促进。Rajan and Zingales（2003）运用金融发展的“利益集团”理论分析指出，贸易开放与金融市场的发展密切相关，特别是资本自由流动和贸易开放同时进行的情况下，既得“利益集团”才可能产生推动金融发展、从而促进经济增长的动机。在单独贸易开放的情况下，工业既得利益集团面对外部竞争，更可能向政府请求贷款补贴，而不是改善国内金融机构的

---

① ［美］普拉萨德、罗高夫、魏尚进和柯赛：《金融全球化对发展中国家的影响：实证研究结果》，中国金融出版社2004年版。

质量。在单独资本自由流动的情况下，尽管国内知名公司和大企业可以选择外部金融市场融资，但因为缺少国内产品市场的外部竞争，既得利益集团往往不会那么做。只有同时面对产品市场的竞争，既得利益集团面对利润衰竭的压力，才可能产生外部融资的压力。同时，在资本流动的情况下，政府负有保持宏观经济稳定的责任，对大企业的导向性贷款受到限制。

1.2.5 中印经济增长差异的比较：研究现状与问题

正如本章1.1部分指出的，目前理论界关于中印经济增长差异的分析大多从经验和数据入手，缺乏系统性的理论文献。个别文献虽然涉及制度，但并未深入地进行经济学的制度分析。如德勤（Deloitte）的研究报告（2006）总结了目前理论界关于中印经济增长差异的几点解释：（1）中国的集权型政治体制整体上有益于快速决策，特别是针对不受欢迎的决定，而印度的民主政体则需要更多的时间沟通和协商，导致无效率；（2）印度严格的法规环境和对外资的厌恶态度抑制了外资流入，而中国的投资环境则更为开放；（3）劳工法和开放时机的不一致导致两国发展行业不一样，而通常认为制造业是经济增长的引擎；（4）社会问题，如中国的高妇女就业率提高了劳动供给，而印度妇女识字率仅为52%。[①] 然而，我们不难发现，这些关于增长差异的解释其实就是差异本身，并不能从深层次解释两国经济增长的效果差异以及为何会出现上述差异。本书力图阐明的是两国差异的根本原因是制度环境与选择机制的不一致。

在国内汗牛充栋的中印比较资料中，有两位学者已经注意到中印经济增长差异的制度原因（韦森，2004；杨光斌，2006）。但遗憾的是，两位学者仅仅在制度的表面匆匆游走了一圈，便过渡到文

① Deloitte Research (2006), "*China and India: The Reality Beyond the Hype*".

化、伦理、思想观念、思维方式等非经济因素上，绕过制度转而批判制度解释。如韦森提到：“与其说制度变迁是经济增长的原因，不如说它是与经济增长相伴随的一个自发秩序扩展的历史结果。在一定的历史机遇中，制度变迁往往是不同社会、地区和社群中‘文化基因’自我复制和编程的一个外在表现。”杨光斌则指出：“制度安排的变化能够导致经济绩效的不同，但是两国制度安排的创新并不主要是制度结构变化的结果，而是思想观念创新的结果。因此，传统的制度变迁理论能够解释某些制度变迁，但仅此是不够的，还需要借助于思想观念的路径。”

1.2.6 文献综述总结性评论

解释经济增长路径的差异的原因是复杂的，这也是长期以来经济增长理论不断演化的一个动因。

通过相应文献的历史回顾，我们至少可以得到三点结论：(1) 从理论上讲，只要考虑到制度因素，良好的制度与经济增长的关系总是正向的。制度的作用在于对社会中的个体产生激励，使他们有动机投资于物质和人力资本，或采用更有效的技术。另一个原因是经济制度有利于最有效地配置资源，它们决定谁将获得利润、收入和剩余控制权①，从而深层次的经济增长的原因——制度与要素积累和技术进步这些经济增长的直接动力是密切相关的；(2) 和制度对经济增长的确定性影响不同，贸易对一国经济增长的影响从其产生的时刻起就受到质疑，传统的观点认为其影响可能为正，也可能为负，这取决于各国的具体情况，但是这里我们可以试着提出一个命题，即贸易对经济增长的影响可能不完全是直接的，如果能间接地作用于某一对增长有确定性影响的对象（比如

---

① Acemoglu, Daron, Simon Johnson and James A. Robinson (2004), "*Institutions as The Fundamental Cause Of Long - Run Growth*", NBER Working Paper 10481.

说制度），贸易对经济增长的影响将仍然可能是正向的；（3）由于大部分新政治经济学的文献是关于国际贸易问题（原因其实很自然，贸易的产生早于经济学的产生，经济学家最早观测到的政治经济行为便是社会集团为关税和限额游说），因而引入政治经济学分析，将会丰富对开放与制度的关系的研究，从而有助于进一步解释跨国经济增长差异的原因。

通过对近期文献的总结和分析可以归纳出：（1）开放（无论贸易的还是金融的）与经济增长的联系机制非常重要，开放可以通过多种途径影响增长，而且这种影响是有条件的，那就是好的制度环境；（2）制度并不是无条件促进经济增长。不同的制度对经济增长有不同的刺激渠道，各国的制度环境取决于各国的各种制度安排（政治制度、经济制度、制度质量、非正式制度）的配合，以及制度变迁过程的不同，这导致各国经济发展水平的不同，以及相同发展水平的国家增长渠道的不同；（3）开放概念的扩大影响到开放的制度环境的构建，比如，将关于金融开放和贸易开放影响的实证研究进行对比，能够发现一些值得思考的结果。如为什么金融开放与经济增长的关系比贸易开放与经济增长的关系更难以捕捉，一个很可能的原因是金融开放对制度环境的要求更为严格；（4）开放作为政府政策的一部分，是需要与国内制度环境相配合的。无论是开放的程度还是制度的选择过程，均受制于国内的利益集团的力量对比。为什么一国不选择广泛的开放政策和良好的制度？Acemoglu（2004）应用社会冲突观点作了很好的说明；（5）研究中印经济增长路径差异的文献的匮乏反映了其原因的复杂性，因而需要构筑更广泛、复杂，甚至跨学科的理论框架，才有可能揭示其深层次的原因。

目前的相关文献在日益丰富的同时，也反映出一些问题。首先，概念界定的差异决定了分析结果的差异。狭义的贸易开放与广义的开放显然对制度改善和经济增长的作用效果是不同的。同时，政治制度与经济制度、宏观与微观制度、正式与非正式制度对经济增长的刺激渠道也各不相同；其次，开放的各因素、制度的各因素，以至经济增长的各因素之间往往相互影响，有时很难区分每一种因素的贡献度；再次，开放与制度，制度与经济增长往往不是单向的因果关系，如何区分简单的相关关系和因果关系，以及处理逆向因果关系，成了实证经济学不断挑战的问题。相当多的文献采用工具变量的方法来克服这些问题。但工具变量的选择是一个困难的命题。另外，已有的制度分析倾向于选择大的国家样本，通过回归分析，考察数值的敏感度来反映诸多复杂的关系，适用于两国的比较分析的文献则很难发现。

1.3 本书研究的方法论和研究意义

随着理论分析不断被要求与被解释的经济现象相契合，经济学的发展逐渐演化出不同的分支。同时，学科或者研究领域的相互交错也是近年来理论分析的一个亮点。本书吸取这种研究方法的思路、对现有文献进行归纳和整理的基础上，提出了一个更宽泛的研究方法，即从制度的观点出发，但不局限于制度分析，将上述研究领域相结合，将多种研究方法相结合、多种研究层次相结合来进行两国比较。

同时，由于本书的研究目的是尽可能深刻地揭示中印两国经济增长差异的效果的原因，我们通过回顾近期解释跨国经济增长差异的深层次原因时（*Fundamental Causes*）发现，每种方法在提供其逻辑性和合理性的同时都不可避免地带有一定的片面性和局限性，另外国与国之间的差异也说明了不可能存在解释某一经济现象的“公理”。基于此，本书将采用多种研究方法融合在一起进行分析，表现为以下几方面：（1）学科的相互交叉，如用政治学的观点研究经济、用新古典的研究方法从实证领域研究制度经济学的观点；（2）研究领域的相互交叉，如本书提到的解释经济增长的原因时经常考虑到对贸易开放、金融自由化的研究，对各种层次和性质的制度的研究，甚至包括对法与经济学的研究以及社会和文化现象的研究；（3）研究数据的相互交叉，即跨国（宏观）、跨地区（中观）和个人，或企业，或家庭等微观数据。经济学研究的一项巨大进展是跨国数据的大量应用，但是也同时引发很多质疑和争论，比如由于国与国之间差异的存在，在一国贸易开放可能成为引致经济增长的原因，但是在另一国家可能这种因果关系并不存在，这样，即使多数样本表现出来的某种因果关系也并不具有“普适性”。另外，对于中国和印度这样具有多个省或邦的国家，原则上应该具有多个“观测值”，但是在跨国数据中只能呈现一个观测值，而我们知道，国家层面上为特定因素提供令人满意的衡量指标是十分困难的。微观数据相对而言具有精确和快速的优点，特别是在衡量市场制度这样的指标时，微观数据具有天然的优越性；（4）研究期限的相互交叉，如长期、短期，甚至出现中期的概念。如本书研究的问题之一是长期经济增长与短期经济增长的原因。当然，这三个期限根据研究的需要具有相对性，并不是严格限定的①。

另外，本书从一个尽可能宽泛的“开放”和“制度”的概念框架出发，分别将这两个概念以及“经济增长”的概念视做一个“集合”（见图1.3），不仅“集合”本身是一个开放的系统，各个集合之间相互影响，而且集合内的“子集”处于运动变化之中。“开放”子集的变化表示由封闭走向开放的过程，“制度”子集的变化反映了制度创新和制度变迁的过程，而“增长”子集的变动

① 该种研究模式为笔者归纳和定义，并未出现在国内外正式的出版物中。但笔者期待并深信有朝一日该种模式将成为一种公认的研究方法，被系统化和广泛运用。

反映了影响经济增长的直接原因——即“近因”的变动。而各个集合之间的关系更是构成了一张密织的网。如何清晰地理出线索，用于两个相似规模和发展历程的国家的对比是本书的研究目的之一。

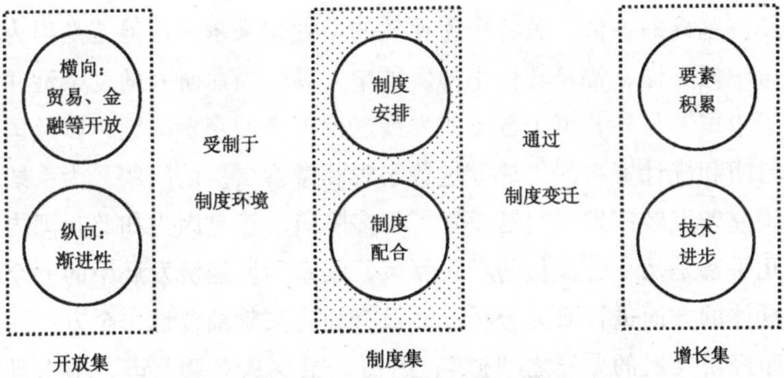

图 1.3 本书的研究框架

前文曾指出，本书在总结相关研究的过程中发现，随着制度经济学的发展，经济增长的影响因素逐渐被解析为两部分，即“近因”（如要素积累、技术进步）和深层原因（开放、制度和地理），而支持“开放假设”与支持“制度假设”曾经作为两种对立的观点出现在对经济增长原因以及跨国经济增长差异的考证中。本书通过研究近期文献进一步发现：在经济增长理论和实证中，开放与制度并不是孤立的两个概念，开放只是为发展中国家的经济增长提供了更多的机会，但远不是一个充分因素，真正实现增长需要一定的限制条件——即制度的配合。从这个思路出发，本书将研究主体上分为两个部分：首先，研究开放的制度环境，关注不同类型的开放在不同的国家需要哪些制度配合，这些制度配合对开放的过程和效果产生什么样的影响，其次，制度环境以及制度变迁如何分别影响经济增长的“近因”，即物质资本、人力资本和技术进步。

在这里，本书关注的是“集合”之间的联系机制，另外，在制度经济学产生的那一时刻起，就和解释经济增长联系在一起。尽管至今仍没有一致的结论，但是对制度与经济增长的关系的研究相对比较充分，而对开放与制度的联系机制的研究相对比较欠缺，因而，这也是本书要关注的重点。

笔者认为，近十年来，随着印度经济的崛起，以及中印在历史上经济基础的相似，关注中印比较的学者越来越多。但正是因为印度与中国一样，都是转变中的发展中大国，因而研究的复杂性并不低于中国。另外，由于数千年发展遗留下来的众多问题，以及国家的封闭和统计资料的欠缺等这些宏观和微观层次的问题，为系统性地研究印度经济发展问题设置了很多障碍。正是因为如此，国内学者几乎都是从自己擅长的学科领域，联系印度经济发展中的一个比较具体的方面进行研究分析，并没有相应文献细致地去全方位探究中印经济发展的差异之“谜”，因而，至少从立意上讲，本书具有一定的研究价值，这也是本书的创新点之一。

本书其他方面的创新点以及研究的难点如下：

第一，提出了如下核心观点，即开放并非导致中印两国经济增长路径和效果差异的原因，而是开放的制度环境作用到开放与经济增长的联系机制的链条，导致了两国开放影响经济增长的效果的差异。而且，在制度环境中不是单个制度而是制度配合作为深层次原因，影响了两国的要素积累和技术进步这些经济增长的“近因”，进而导致经济增长路径和效果出现差异；并进而发现，制度配合是影响中印两国贸易开放、金融开放、外资流入以及开放的渐进过程差异的原因。

第二，本书在研究方法上使用了主成分分析法来探讨制度配合对两国开放效果差异的影响，并将制度对经济增长的实证研究细化到要素积累和技术进步的层面，比较两国各种“直接”的增长动因与不同制度以及制度变迁的关系。

第三，在应用价值方面，本书在对理论文献从一个新的角度进行梳理的基础上，提出了“制度配合”的概念，强调各种制度如何在开放的条件下相互配合，从而对开放与经济增长的联系机制产生影响，进而影响到开放的效果。为比较跨国（特别是两国）经济增长路径的差异提供一个相对完整的制度分析框架。

此外，本书研究的目的之一是想还原可开放后中印经济增长路径的本来原因，因而要尽可能考虑到各方面的要素。本书可能涉及的研究方法包括新古典、制度和制度历史分析、新政治经济学等，开放的内容由贸易开放横向扩大到更广泛层面的开放，纵向考虑到开放的渐进性等这些关键但是一直悬而未决的命题。这可能对笔者自身的知识结构和知识功底提出严肃挑战，同时也增大了研究的难度，在论题的集中度上有时难以做到完美。

再者，开放与制度衡量指标等这些本来就很难选择的问题在本书中由于分析范围的扩大，将变得难上加难，指标选择的偏差可能会影响到分析结果，而且最困难的是研究制度的数据库至今仍处于较低的发展状态，而且仅有的一些数据库在国内也很难发现，这常常致使本书在研究过程中退而求其次，选取一些相对本书研究不是最优的数据库。值得庆幸的是，本书的研究其实是一种方法论的试探，并不包含太多的价值判断，我们并不想因此断定两国制度的孰好孰坏。此外，联系机制的分析还有助于在以后的研究中把本书的分析结果引向对两国经济发展的更长时期的分析。

第2章

开放与制度的理论框架

本书引言部分曾指出，开放与制度的内涵界定的差异决定了分析结果的差异，狭义的贸易开放与广义的开放显然对制度改善和经济增长的作用效果是不同的。同时，政治制度与经济制度、宏观与微观制度、正式制度与非正式制度对经济增长的刺激渠道也各不相同。为了进一步分析，首先要界定“开放”与“制度”在本书中的范围和含义。

2.1 “开放”的界定及相关理论框架

“开放”在经济学里面并不是一个正式的概念，一般与政策联系在一起。与“开放”有关系甚至某些时候可以相互替代的概念至少有以下四个：自由化、全球化、国际化、一体化。

2.1.1 “开放”在本书的界定

为了更好地界定开放的概念，我们首先比较一下上述四个概念。通常意义上将全球化理解为对20世纪70年代后期以来出现的商品、资本、技术和人员等要素的全球流动使世界经济日益紧密结合在一起的现象的"冠名"。Daly（1999）将全球化定义为国家经济与全球经济的一体化，主要通过自由贸易和资本流动的形式，另外也通过容易的或不受限制的移民表现出来。这是一种从经济目的出发的有效的国界消除，国际贸易成为地区间贸易。世贸组织年度报告（1995）指出："对全球化的定义和描述，首先应着重'质'而不是'量'，它是不同国家的市场和生产日益变得更加相互依存的过程，这是由于商品和服务贸易的发展以及资本和技术的流动所造成的。"联合国贸发会议年度报告（1997）指出："全球化的概念既指货物和资源日益加强的跨国界流动，也指一套管理不断扩大的国际经济活动和交易网络的组织结构的出现"，"但今天的世界经济与超国家范式相距还很远，对现状较为恰当的描述是全球在经济上的相互依存，市场、生产和金融活动的跨国界联系已加强到如此地步，以至任何一国的经济都不能不受到国界以外的政策和经济发展的影响。"

目前关于全球化大致可描述为三点：一是各国在经济上相互依存不断加深的历史过程；二是其突出表现为商品、资本和技术等要素的国际流动日益加强；三是其主要因素是信息革命以及贸易和金融的自由化。也有学者将全球化进一步引申，如佟家栋（2002，2005）将全球化定义为以获取经济利益为动力，借助商品、资本、劳务和人员的自由流动实现技术和经济制度在世界范围内的传播和扩展。通过上述分析可以看出，全球化的主体是世界，反映为世界各个国家同时开放的一种现象。

国际化则反映国际贸易、国际关系、谈判、联盟等活动的日益重要性。国际化突出了国家的概念，反映为国与国之间的关系日益重要。国际化的主体是国家，反映某一国家走出国门实现资源配置的现象。在斯密和李嘉图的古典经济学中，国内一些拥有资本和劳动的团体合作，用自己的资源生产出产品与别国的以自有资源生产的产品竞争，其实就是一种国际化行为。

而一体化顾名思义是“整个”的意思，全球经济的一体化，逻辑上意味着国家经济的瓦解。Apoteker and Crozet（2003）认为，一体化和开放是两个不同的概念，很多国家置于世界贸易和金融流动之中，但是他们的贸易和金融政策却是“保护或战略性”的。这种“选择和战略性”的开放说明自由贸易和金融自由化不是融入世界经济一体化的唯一方式。这说明，对于一个转变中的封闭经济而言，尽管融入世界经济一体化是不可避免的，但是国家却可以通过适当的开放模式，把握开放的“度”，来保持内外部的平稳发展。

“自由化”则意味着管制的放松，是针对发展中国家的一个特有的概念，第二次世界大战后，独立的发展中国家一般都是在经济的废墟中建立起来的，经济政策由政府制定，一定时期内采取什么政策策略主要取决于政府对经济发展的计划，各国政府通常有非常具体的产业目标。在实现这些具体目标时，政府希望在其中起决定性作用，原因是政府担心经济发展会出现“市场失灵”，“幼稚产业”需要保护。因此，当发展中国家的经济发展存在不能达到政府要求的显示后，通过政府的力量干预市场就成为必要。正像有一种比较普遍的观点认为，“开放”可以分为“对内开放”和“对外开放”，“自由化”同样也可以分为“内部自由化”和“外部自由化”。本书认为，“对外开放”和“外部自由化”既是一种现象，也是一种政策，从政策意义上讲，在概念上没有本质差别，均反映为减少政府对经济的干预：从动态上来讲，反映为经济从封闭到开放的转变过程；从静态上来讲，反映为市场化过程中的管制的放松。而且，“开放”与“自由化”取决于政府制定相应政策的名称，比如中国由于采取的是“改革开放”政策，更倾向于采用“开放”的概念；而印度的“自由化措施”使之更倾向于采用“自由化”的概念。关于“开放”或“自由化”概念的另一个理解的误区是开放的“度”。为此，我们还要考虑一个“开放经济”的概念。“开放经济”通常是指对“进口、出口或生产要素越过边境的活动都没有限制”的经济。[①] 而现实中没有限制的经济是不存在的，“开放经济”与“封闭经济”是相对的概念，是根据一国经济与国际经济的密切程度来区分的，没有绝对的标准。对外开放和开放经济是有着密切联系的两个概念。值得注意的是，开放经济不等于外向型经济。开放经济是相对于封闭经济而言的，外向型经济是相对于内向型经济而言的。外向型经济一般指出口导向型经济，是指经济发展在满足国内需要的基础上，面向国际市场，积极发展对外贸易，并以此带动本国经济的发展。因此，开放经济较外向型经济内涵更为扩大，涉及的领域更广泛。

由于本书要研究的对象是中印两国经济增长路径差异的原因，基于上述分析，选取“开放”概念相对于其他四个概念更为适当。

一般而言，开放是指商品和要素的跨国界流动，从这种意义上讲，一国有了国际贸易（商品的流动），就具备了“开放”的初步特征，而资本、技术和人员流动将使各国的经济更加紧密地联系在一起。Brahmbhatt（1998）指出，除了国际贸易，经济开放还有其他三种途径，即别国居民可以通过对外直接投资在一国设立和运作企业、金融资产的跨境买卖（金融一体化）和劳动力以移民的形式自由流动。可以从狭义和广义两个方面来理解“开放”，其中狭义的仅指贸易开放。从研究的便利性和资料的充足性而言，对开放的狭义理解具有天然的优势。贸易是最早和最广泛的国际经济联系形式，资料详细而且容易度量。在经济开放中，贸易具有基石性的地位。如果一国在贸易上是与世隔绝的，就不可能存在其他形式的开放。然而就本书的研究目的而言，要研究两个相似规模和发展历程的国家的制度因素在开放后对增长差异的影响，单单考察贸易开放似乎有些单薄。这可能会涉及两个问题，首先，中印两国贸易开

① ［美］D. 格林沃尔德：《现代经济词典》，商务印书馆 1981 年版。

放效果的差异是显而易见的，其缘由是复杂的，而制度的渗透是没有边界的，很难从错综复杂的因素中明晰地区分出制度的影响程度，而放松对开放的狭义理解，似乎是解决这个问题的一个不错的途径，而且综合考虑其他方面的开放，中国和印度开放的效果开始变得不那么悬殊了，开放的制度环境对经济增长的影响也由此变得饶有趣味。

另外，开放的速度和次序始终是影响发展中国家开放模式的关键性命题，而制度的选择过程（反映到具体的层面——政策决定过程）的不同，对开放的结果势必会有很重要的影响。以中国的例子来说，开放的部门次序，可能是既得利益小的部门先自由化，因为改革的阻力小。比如纺织这些竞争性产业早就自由化了，而国内垄断着的大部门，如银行、电力等的自由化最慢。再如就对外开放和对内开放的关系，很多民营企业并没有外资企业的待遇。而在印度，由于国有经济比重小，这样大的利益集团并不存在。

因此，在本书，“开放”的内涵被放大到最大限度，不仅包括横向的贸易开放、金融开放等，更包括纵向的渐进性等。

2.1.2 “开放”与经济增长的联系机制

贸易开放与经济增长的关系是经济学理论界的一个常青话题。一般认为，理论上贸易开放与发展中国家的经济增长具有如下联系机制：①

第一，以比较优势为基础的国际贸易加深了专业化分工，资源得到优化配置，各国的生产和消费由此增加，福利得到改善，从而获得了对外贸易的直接利益。

第二，提高了本国资源配置效率。进口可以提供廉价的或稀缺的资源（生产要素），可以为发展中国家提供技术设备；出口的扩

---

① 杨正位：《对外贸易与经济增长》，中国人民大学出版社 2006 年版。

大可以带动更多的投资流向出口生产部门，既可带动投资增加，又能吸引外资流入，推动发展中国家劳动密集型产业的发展，从而更有利于增加就业；对外贸易还可加速技术外溢，推动国内技术水平和管理水平的提高。

第三，可获得动态的比较利益。由于各国经济增长的传导效应产生了动态的间接利益，如出口能力的扩大将提高落后国家进口资本货物的能力，既节约了劳动能力，又缩短了技术差距；外贸的发展进一步促使国内资本流向具有优势的领域，专业化生产将大大提高劳动生产率；市场空间的扩大增加规模经济效益；出口增长加强了国内经济部门之间的联系，有利于国内统一市场的形成，推动国内经济一体化；相互开放，贸易扩大竞争，有益于提高国内产业的整体素质等。

第四，贸易与投资相互伴随，外资流入可带来资金和先进的技术与管理经验；外商直接投资（FDI）可以在投资国和东道国之间创造出新的贸易机会，从而使得两国之间的贸易在更大的规模进行，扩大了国际贸易的规模总量（小岛清，1984）。①

金融开放可以通过直接和间接两个途径促进经济增长。② 其中，直接渠道是：（1）增加国内储蓄，为资本稀缺的国家提供更多的投资，而为资本丰裕国家的投资者提供国内所不具备的较高的资本回报率；（2）通过更有效的全球风险配置降低资本成本，从而一方面鼓励企业增加投资，另一方面增加国内股市的流动性，降低股权风险溢价；（3）金融开放程度较高的国家更易于吸引外资，推动技术扩散和良好的管理实践，这种溢出效应能够提高生产率，从而推动经济增长；（4）外资银行的参与导致竞争加剧，从而改

① 关于外资与外贸联系机制的另一种观点是国际直接投资会替代投资国对东道国的贸易（Mundell，1957）。

② ［美］普拉萨德、罗高夫、魏尚进和柯赛：《金融全球化对发展中国家的影响：实证研究结果》，中国金融出版社2004年版。

善国内金融服务的质量，提高配置效率，刺激国内金融部门的发展。

间接渠道包括：（1）风险分担可能间接鼓励生产专业化，如果不具备风险管理机制，高度专业化的生产结构将导致产出的大幅度波动，从而导致消费大幅度波动，而金融开放有助于国家进行国际风险分担，从而缩小消费波幅，提高增长率；（2）金融开放能够自我延续，限制政府对有形资本实施掠夺性的税收政策，增加政府对未来政策路线承诺的可信度，从而提高生产率；（3）一国金融开放的意愿可以被理解为对外国投资采取更友好的政策的信号，通过对信号作用，取消对资本外流的限制可能反过来导致资本流入增加。

2.2 “制度”的界定及相关理论框架

研究制度的难题之一是，与要素和技术不同，制度是高度抽象的概念，“制度即观念”。制度的概念同时又和制度环境与安排、变迁与创新以及路径依赖的概念密切相连。同时，制度又与有益于经济增长的“秩序”的形成直接相关。

2.2.1 “制度”的界定

在新制度经济学中，制度通常被定义为一组行事规则的集合，这些规则与社会、政治和经济活动有关，支配和约束社会各阶层的行为（Schultz，1968；Ruttan，1978；North，1990）。按照诺斯（1991）的理解，制度包括正式制度、非正式制度和制度的执行，“正规规则包括政治（及司法）规则、经济规则和合约……非正规规则是行为规范、行为准则和习俗”。正规制度除宪法和成文法之外，一般处于一种发展变化之中；非正规制度则是相对稳定的、不易变更的。制度的执行则可能通过第三者（执法与社会放逐）、第二者（报复行为）和第一者（自我要求的行事准则）来完成。[①]此外，从制度的层次上来看，根据柯武刚和史漫飞（2000）的论述，制度可以被分为多种类型和不同层次。制度规则系统的稳定性依赖于各层次制度的有序统一性，这意味着：在这一制度系统中，有些制度具有元制度的基本地位，我们称为基本制度，它们统帅着其他的制度规则，要求其他规则与之一致，或者是其他制度规则的派生来源，后者我们称为具体制度。比如我们将议会民主制或中央集权视为基本政治制度，将市场经济体制和计划经济体制称为基本经济制度。笔者根据近年来的研究文献，将本书的制度概念区分为两个层次：基本制度（民主和非民主、市场和非市场）和具体制度（可以用各种制度质量指标衡量，如产权、腐败、政府侵占、治理、违约风险等），单个制度无法决定一国经济增长的快慢，制度之间的配合作用于一国的整体经济增长。制度根据国别和背景的不同，往往呈现为“中性”的，正所谓没有最好的制度，只有最适合的制度。[②]

良好的制度具有以下方面的功能：

第一，可以降低相互交往的成本。至少可以减少两方面的成本，即诺斯（1990）的“交易成本”和肖特（1981）的“协调成本”。制度在减少这两种成本的同时，也进一步减少信息不确定性的成本。在诺斯的理论中，制度提供了人类相互关联、相互影响的规范框架，它们确立了构成一个社会或者更确切地说一种经济秩序的合作与竞争关系，从而降低交易成本。肖特认为，社会和经济的

---

① 另一个相似的分类方法是柯武刚和史漫飞（2000）根据制度的起源，将制度分为内在制度和外在制度。外在制度与正式制度、内在制度与非正式制度并不完全重合。正式制度中的正规化内部规则（由某些社会成员以有组织的方式实施惩罚，如行业协会）在这种分类中属于内在制度。

② 一个有意思的相关研究是腐败曾在亚洲一直被认为是推动商业发展的润滑剂。

制度是用于补充价格所含信息的信息工具。价格是提供社会资源稀缺性信息的机制，而制度是提供有关其他经济行为人潜在行动的信息的机制。因此，当价格不足以提供充分的信息、以有效协调经济活动时，一些额外的信息工具就必须产生以帮助协调，因为存在着一个行为人之间策略相互依赖的问题，并且产生了协调它们的需要。为解决这种问题而出现的信息工具就是制度或惯例。①

第二，降低交往环境的复杂性，建立相互信任的机制。柯武刚和史漫飞（2000）指出制度的一个重要的功能就是使复杂的人际交往过程变得更易理解，制度使他人的反应变得更可预见，更易于避免“超负荷识别”（*Cognitive Overload*）。由制度支撑的信心使人们能够承受试验的风险，更富于创造性和企业家精神，并能鼓励他人提出自己的思想。同时，制度更易于减少“远期无知”（*Forward Ignorance*），为人们创造了一种把握未来的信心，对新出现的机会保持敏感，因为制度限定了指向未来的行动中的风险。只有当人类的行为被稳固化，才可能增进知识和劳动的分工，而这种分工是不断繁荣的基础。

第三，制度保障了各种个人自主领域，使其免受外部的不恰当干预。反过来，相对对他人权利的保护来讲，制度又限制了个人自由领域。如产权确定重要的自由领域，而经济竞争则对产权的运用施加控制，通过限定个人凭其所拥有的产权可以做和不可以做的事。同时，制度又提供了一种冲突解决机制，当不同的人追求其个人目标、行使其自由意志时，常常会影响到他人。这时，制度一方面通过事前限制任意行为和降低冲突可能性的规则，预防冲突的产生；另一方面，当冲突发生后，提供先前协商好的、因而是可以预见的方式解决冲突。

① ［美］安德鲁·肖特：《社会制度的经济理论》，上海财经大学出版社 2003 年版。

第四，政治权势的体现和保证选择自由。人们合作的时候，具有财富和魅力的个人能在交易关系中运用权势，而当权势被施加的一方因别无选择而觉得自由受到限制时，有选择的自由就能使人们获得权势，如投票是一种抑制权势的手段，人们无需为自由提供集体的政治性保障。另外，确保退出机会的制度也会限制侵犯他人自由的权势滥用。从这个角度来看，制度是强力对理性和社会和平的让步。

吴群刚（2006）将制度的上述功能归纳为四种机制，即制度通过协调机制、约束机制、信息机制和激励机制间接作用于经济增长。[①] 其中，协调机制是手段，可以减少风险和强化秩序；约束机制是过程，可以克服机会主义；信息机制是目的，减少信息搜索成本；激励机制是动力，孕育企业家精神。通过四种机制的综合作用，制度结构会影响资源、收入和成本的配置，同时也影响对市场参与者的激励和市场交易的效率。通过向最有效的代理人配置权力，制度可以提高生产效率，促进增长；制度会影响投资激励（如加强产权），进而会影响投资水平和新技术的采用；制度可以界定市场权力，如通过竞争法，从而限制生产者租金，保护消费者免受高价格的剥削；制度可以阐明市场中弱势群体的权利，直接改善穷人的生活，从而提高全世界的福利。上述机制在制度框架中汇聚起来，共同促进增长和繁荣。

2.2.2 制度环境与制度安排、制度创新与制度变迁的概念界定

在研究开放与制度的关系时，制度环境与制度安排、制度创新与制度变迁这两对概念经常贯穿分析的始终。但是从制度经济学的

---

① 吴群刚：《变革与繁荣——中国经济崛起的制度视角》，清华大学出版社 2006 年版。

发展来看，这两对概念并未被赋予严格的界限，在研究过程中，不同的学者根据自己的理解来定义和使用这些概念。Davis and North（1971）认为制度可以被划分为两个范畴：制度环境（*Institutional Environment*）和制度安排（*Institutional Arrangement*）。制度环境是一系列基本的经济、政治、社会及法律规则的集合，它是制定生产、交换以及分配规则的基础。在这些规则中，支配经济活动、产权和合约权利的基本法则和政策构成了经济制度环境。制度安排是支配经济单位之间可能合作和竞争的规则的集合。诺斯认为，制度安排是最接近于“制度”一词的最通常使用的含义。制度安排可以理解为人们通常所说的游戏规则，不同的游戏规则导致人们不同的激励反应。制度环境和制度安排要根据具体情况区分，没有严格的界定。当制度安排作为外生给定时，它实质上就可看成为制度环境。比如，当考虑经济制度的选择时，市场制度可看成为经济制度安排。但将市场制度作为给定，来研究人们的行为和经济现象时，市场制度可看成为经济制度环境。一个经济制度安排或经济政策能不能让经济持续快速地发展，关键看所假定的个人行为是不是真实地反映了大多数人的行为方式，看制度安排和人们的行为方式是不是激励相容，即人们对激励是不是作出了对他人或社会也有利的反应。

Williamson（1998）引用 North 的观点，将制度环境和制度安排加以区分，认为新制度经济学的这两个分支虽然相互关联，但区分开还是很有用的。“制度环境是一系列基本的政治、社会和法律规则，它们确立了生产、交换和分配的基础。治理选举、产权和合同权利的规则就是这类例子；制度安排是经济间单位的安排，它治理这些单位合作或竞争的方式。它（能）为其成员提供一个可以合作的结构或一个能影响法律或产权变迁的机制。”并以此为出发，对当代西方经济学的各种理论逐一分类（见图 2.1）。Williamson 认为，制度环境分支是在公共和私人部门建立博弈规则，而制度安排更多的是关于组织的细节。对合同的完全与不完全的理解产生侧重于事前激励的代理理论和侧重事后治理的交易成本理论。在涉及对具体国家的解释上，关于制度环境的定义则往往比诺斯的定义宽泛得多。我们在此将制度环境理解为开放面临的静态的制度条件、氛围以及规则等。

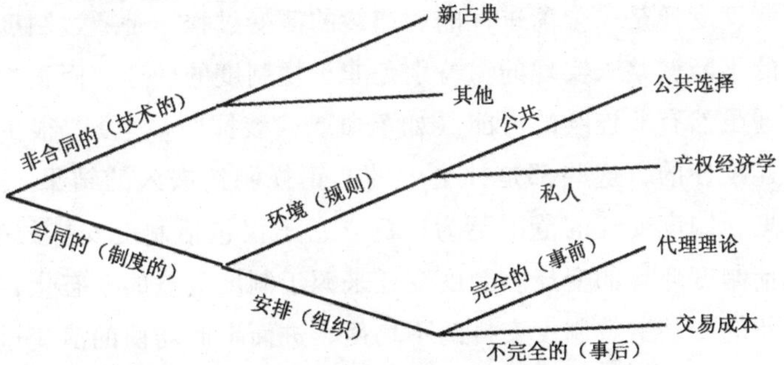

图 2.1 Williamson 对西方经济理论的总结

资料来源：Williamson："对经济组织不同研究方法的比较"，载于《新制度经济学》，上海财经大学出版社 1998 年版。

如果说制度环境和制度安排是静态的概念，制度创新和制度变迁则描述了制度的动态发展过程。制度创新（*Institutional Innovation*）是对现存的制度安排进行变革。这里面蕴含着制度创新的两个基本前提：一是创新改变了潜在的收益；二是创新成本的降低使安排的变迁变得合算。这里，诺斯经常用"安排的创新"或"安排的变迁"来替换"制度创新"的概念，可见，制度创新主要是针对制度安排层面，根据成本收益原则确立新的安排，然后通过创新来达到新的安排。在制度创新的分析中，诺斯其实是将新古典的研究方法应用到制度分析，阐明技术进步引起的要素重新配置，与制度创新有着密切的关系。同时，任何制度创新都是在既定的制度环境中实现的。就制度创新而言，制度环境既决定着外部利润的存在空间，也同时决定着通过制度创新将外部利润内部化的可能路径。

制度变迁（*Institutional Change*）是指对构成制度框架的规则、准则和实施的策略组合所作的边际调整，包括制度的替代、转换与交易的过程。诺斯认为，激励制度的合理性、适合性会随着社会的发展而变化，制度变迁是经济社会发展的必要条件。在一般情况下，制度变迁是一个渐进性的、连续的演变过程，是通过制度在边际上的不断调整来实现的，特别是非正规制度的变迁。而正规制度的变迁虽然有非连续的可能（如革命或武装征服），但“很少是完全非连续性的，这些都是社会中的非正规制约嵌入的结果”。[①] 由此可见，制度变迁的范围更为广泛，它不仅包括制度安排的变迁，更包括制度环境的变迁。制度变迁来源于制度效益的动态化，成本和收益的变动引致制度安排的不均衡、进而走向均衡的演变过程就是制度变迁。另外，制度环境的变化会改变来自制度创新的利润格局，与之相关的一些制度安排也就必然会作出适应性的调整。这个过程也成为收益内部化的过程，即收益暴露在现存制度安排的外面，经济主体就有激励尝试推进制度的再安排（或制度创新）。由于制度可划分为内在制度和外在制度两种类型，相应的制度变迁也可以分成基于演进的诱致型变迁和基于设计的强制型变迁两种类型。诱致型（*Induced*）制度变迁是指个人和群体在响应获利机会时自发倡导、组织和实行的制度变迁。强制型（*Imposed*）制度变迁是由政府命令和法律引入并保证实行的制度变迁。

与制度变迁紧密相关的一个概念是“路径依赖”，即旧制度所规定的社会运行范式对制度变迁的方向与速度具有锁定的作用。由一个共同体共享的元制度是相对稳定的，因为新制度需要学习成本，并可能在转型期导致协调不良，甚至冲垮其他规则，因而在制度变迁中存在着路径依赖性，制度系统会在相当程度上服从惯性。

---

① ［美］道格拉斯·C. 诺斯：《经济史中的结构与变迁》，上海三联书店 1991 年版。

在许多情况下，往往是在元制度和价值的框架下较低层次的规范受到调整，制度变迁因而遵循一条演化性的路径，而不是一场革命。① 具体而言：

第一，制度变迁如同技术演进一样，也存在着报酬递增和自我强化机制。这种机制使制度变迁一旦走上了某一条路径，它的既定方向会在以后的发展中得到自强化。所以，“人们过去作出的选择决定了他们现在可能的选择”。沿着既定的路径，经济和政治制度的变迁可能进入良性循环的轨道，迅速优化；也可能顺着原来的错误路径往下滑；弄得不好，它还会被锁定在某种无效率的状态之下。一旦进入了锁定状态，要脱身而出就会变得十分困难，往往需要借助外部效应，引入外生变量或依靠政权的变化，才能实现对原有方向的扭转。

第二，制度变迁不同于技术演进的地方在于它除了受报酬递增机制决定外，还受市场中的交易因素影响。诺斯指出，决定制度变迁的路径有两种力量：一种是报酬递增，另一种是由显著的交易费用所确定的不完全市场，如果没有报酬递增和不完全市场，制度是不重要的。而随着报酬递增和市场不完全性增强，制度变得非常重要，自我强化机制仍起作用，只是某些方面呈现出不同的特点：(1) 设计一项制度需要大量的初始设置成本，而随着这项制度的推进，单位成本和追加成本都会下降；（2）学习效应，适应制度而产生的组织会抓住制度框架提供的获利机会；（3）协调效应，通过适应而产生的组织与其他组织缔约，以及具有互利性的组织的产生与对制度的进一步投资，实现协调效应。不仅如此，更为重要的是，一项正式规则的产生将导致其他正式规则以及一系列非正式规则的产生，以补充这项正式规则；（4）适应性预期，随着以特

① ［德］柯武钢、史漫飞：《制度经济学：社会秩序与公共政策》，商务印书馆2000年版。

定制度为基础的契约盛行，将减少这项制度持久下去的不确定性。总之，制度矩阵的相互联系网络会产生大量的递增报酬，而递增的报酬又使特定制度的轨迹保持下去，从而决定经济长期运行的轨迹。

第三，由于制度变迁比技术演进更为复杂，所以行为者的观念以及由此而形成的主观抉择在制度变迁中起着更为关键的作用。诺斯认为，“在具有不同的历史和结果的不完全反馈下，行为者将具有不同的主观主义模型，因而会作出不同的政策选择，因此，制度变迁过程中，边际调整就不会完全趋同”。所以，不同历史条件下形成的行为者的不同的主观抉择，既是各种制度模式存在差异的重要因素，也是不良制度或经济贫困国家能够长期存在的原因之一。

路径依赖类似于物理学中的“惯性”，一旦进入某一路径，无论是好是坏，都可能对这种路径产生依赖，有两种极端的情形，即路径依赖Ⅰ和路径依赖Ⅱ。诺斯路径依赖Ⅰ：一旦一种独特的发展轨迹建立以后，一系列的外在性、组织学习过程、主观模型都会加强这一轨迹，一种具有适应性的有效制度演变轨迹将允许组织在环境的不确定性下，选择最大化的目标，允许组织进行各种试验、建立有效的反馈机制，去识别和消除相对无效的选择，并保护组织的产权，从而引致长期的经济增长。诺斯路径依赖Ⅱ：一旦在起始阶段带来报酬递增的制度，在市场不完全、组织无效的情况下，阻碍了生产活动的发展，并会产生一些与现有制度共存共荣的组织和利益集团，那么这些组织和利益集团就不会进一步投资，而只会加强现有制度，由此产生维持现有制度的政治组织，从而使这种无效的制度变迁的轨迹持续下去。

2.2.3 制度与秩序

制度在人类社会的漫长演变过程中一直承担着至关重要的角色，通过它本身内生的激励和约束功能的有效发挥，实现制度设计的目标，即一方面通过制度内在的价值导向，对目标群体内的广大行为主体的行为进行激励引导，使他们的行为方向不至于背离时代的主流，同时也使他们之间的行为冲突减低到最小，从而形成最大的推动群体发展的行为合力；另一方面，通过制度内在的可置信的惩罚威胁，确定行为者的行动集合，使各主体的行为具有可预期性，增强各行为主体之间的和谐性，从而降低经济社会的运行成本。

所谓秩序，就是指在一定的制度框架之下，各行为主体之间相互作用而融合成的一种有机的动态系统，它具有某种规律性、确定性、一致性、延续性和稳定性等基本特点。制度是秩序形成的关键因素，由于制度包含正式规则和非正式规则，这样，各行为主体在非正式规则的长期作用下而形成一种自发秩序，在正式规则的长期作用下而形成一种建构秩序。因此，现实经济社会的最终秩序的形成是由自发秩序和建构秩序相叠加而成的。Jacobs（1992）分别将封闭社会和开放社会的特征概括为维护型道德综合症（*Guardian Moral Syndrome*）和商业型道德综合症（*Commercial Moral Syndrome*）。其中，维护型道德综合症反映为一系列道德规范，维护既定领域秩序，对权威和传统效忠，对荣誉独占和保卫。而商业型道德综合症只在开放型的交易社会才有意义，如回避强制、开放交易、与陌生人合作、增强创造性、诚实和节俭。如表2.1所示，左侧体现了一种计划性的封闭秩序，而右侧反映自发性的开放秩序。

表2.1　两种社会秩序中的典型行为综合症

维护型道德综合症	商业型道德综合症
回避贸易	回避强制
服从和守纪律	达成自愿协议
浮夸	诚实

续表

维护型道德综合症	商业型道德综合症
排外	易于和外部合作
实施报复	竞争
尊重等级	尊重契约
充分利用闲暇	有首创精神和进取心
固守传统	欢迎创造性和新事物
广施慷慨	效率
发挥威力	促进舒适和便利
为任务而欺骗	为任务而存疑义
珍爱荣誉	为生产性目的而投资
显示坚韧	勤勉
忠诚	节约
宿命论	乐观

资料来源：Jacobs，Jane（1992），“*Systems of Survival*：*A Dialogue on the Moral Foundations of Commerce and Politics*”，New York：1992.

有效的秩序是经济发展的关键，制度是秩序的基础，有效的秩序需要好的制度体系的支撑。设计制度需要一系列的价值标准，如公平、效率与和谐等等，一个好的制度体系至少需要实现效率和公平。一旦以效率和公平为价值标准设计的并能有效运行的制度体系成为经济社会秩序的基础，就意味着效率和公平也就成为了这秩序的内在属性，此时，秩序内的各行为主体都会在效率和公平这两个价值标准的约束下从事经济活动，这样他们的经济行为一般具有很大程度上的可预见性，这意味着秩序内形成了某种“效率机制”和“公平机制”。在这两种机制的作用下，宏观上的秩序表现为某种规律性、稳定性、一致性和确定性等特点。建立在这种秩序基础之上的经济体系，一方面在“效率机制”的作用下，各种资源不断地进行优化配置，创新不断地发生，从而引起经济增长、技术进步和经济结构优化；另一方面在“公平机制”的作用下，社会创造出来的财富能够得到合理的分配，人们能普遍性地享受到经济增长带来的好处，即人们的福利普遍性增加。因此，制度促进秩序的形成，秩序促进经济发展①。

2.2.4　制度与政策

研究开放与制度的联系机制的出发点是对政策与制度的理解。政策是宏观经济学中各学派研究的核心，无论是凯恩斯主义的干预政策、货币主义的自由放任政策以及结构主义有边缘的国家干预政策，都提出政府作为政策主体，干预或引导国家经济生活秩序和实现经济增长的重要作用。

与制度一样，不同的人从不同的角度来理解政策。通常的四种观点是：以哈罗德·拉斯维尔为代表，认为政策是一项含有目标、价值与策略的大型计划；以戴维·伊斯顿为代表，认为政策可视为一种权威性的社会价值分配方案；以托马斯·戴伊为代表，认为政策是政府意志的体现，是政府选择作为与不作为的行为；以詹姆斯·安德森为代表，认为政策是政府的有目的的活动过程，是一个过程概念，表现在政府为达到某种目标而采取的一系列可操作的活动。

笔者认为，上述对政策的理解并不矛盾，仅仅反映不同层次的形态表征而已。从与制度的关系看，制度作为规范社会交往的游戏规则，对人的行为进行约束，它具有很大的内生性，特定的参与人以特定的方式进行博弈，一旦形成下来，具有很大的稳定性。从这个意义上讲，政策作为政府行事的形态，也要受制于制度的约束。制度对政策的约束反映为规则约束、主体约束。与稳定的制度规则相比，政策作为“广义的规划”具有灵活多变性，具有很强的适

① 唐志良：“制度、秩序与经济可持续发展”，价值中国网，2007年2月9日。

应性。政策也可以看做一种合作的“契约”，要求政策主体在给定的环境中能预测其他成员的行为准则，政策主体具有很大的限定性。但政策又不等同于法律、法规等制度“契约”，政策并没有明确规定违反契约将会受到多大程度的惩罚。政策也可能逐步完善、逐步合理，最后成为法律或法规。政策的法律特征在人类的政治发展过程是相当普遍的。

政策从属于制度，在制度框架中生成与运用。但政策的特性决定了它并非被动地适应制度，而是能动地反作用于制度；它也不仅仅只有利于制度框架的完善，它还会积极或消极地在制度框架内发生量变，最终促使制度变迁。因此，可以根据与制度的关系来评判政策的质量，相对于制度要求是比较合理和可行的为“好的政策”。但这并不意味着正确发现问题就可以有正确的解决方案。政策主体往往由于自身的因素以及信息不对称、交易成本认识等的制约，政策极有可能是无效率的，是“坏的政策”，最终会影响制度安排，进而影响制度变迁。另外，在制度创立初期，政策主体会通过政策的制定与执行维护和巩固制度，使制度框架更加完善；但一旦制度完全定型，他们产生寻求制度框架中的有利于个人收益最大化的动机，并在制度的真空中去寻找获利的空间。

“开放”作为政府政策的一部分，也要镶嵌于制度框架中来分析。但与其他内部的政策不同，开放带来的直接后果之一是外部竞争的压力渗透到各个角落。政府一方面根据国际贸易和要素流动的需求被动地调整政策，另一方面为了更好地竞争市场份额和动员生产要素必须对政策进行的主动调整，并可能引致制度变迁。

第3章

中印开放与增长路径差异的历史渊源比较：制度变迁的路径依赖

前面的分析指出，制度是决定经济增长的长期因素。制度一经形成，具有很大的稳定性，制度变迁的方向是锁定的。

如果将制度的因素考虑到上述对中印“经济史”描述的背景中去，中国和印度其实从西方殖民者叩开大门的那一刻就开始不一样了，只是由于制度本身的“根植”性质。与可以迅速奏效的生产要素和技术不同，一个制度从诞生到成熟往往需要数百年的历史（产生——蔓延——渗透——根植），而不同制度造成的经济后果也可能要经历相当漫长的历史过程才能显现差异。

从与开放有关的制度起源来讲，中国和印度最早制度差异的形成是因为印度是一个被完全殖民的国家，英国殖民者在对印度实行掠夺性制度的同时，也带来了一些先进的制度，自由民主和私人产权的观念得以深入人心，从而为在印度这样一个复杂的等级、宗教、种姓、地方主义社会建立起一个可以普遍接受的基本制度安排提供了基础。而中国则处于“列强”割据的状态，列强势力的相互此消彼长使中国在免于被完全殖民的同时，也带来更剧烈的社会动荡，资本主义制度优良的一面没有生存的土壤，受损的群体不断扩大，为通过暴力革命建立一种全新的制度提供了可能性。

3.1 印度开放前历史背景的制度分析

印度是世界上异质性最大的国家之一，是一个多民族、多语言、多宗教、多种族的社会。印度有数百个少数民族，目前最大的民族斯坦族也仅占46.3%，人口均超过1000万人的民族有数十个。语言相应有1652种，其中被宪法列为主要语言的就有15种。同时，印度又是多个宗教的起源地，全国几乎所有人都信奉宗教。印度社会结构中的一个重要特点是尚存在着等级森严的种姓制度。种姓制度的实质是阶级压迫。种姓之间，由于社会政治、经济地位悬殊，经常引起冲突。因此，独立后选取什么样的政治经济制度成为摆在上台的资产阶级知识分子的首要问题。这样的制度，一方面要对殖民地时期的经济及权力关系进行根本性的制度改革，另一方面要兼顾自主、公平和快速发展的目标，并受印度传统文化、思想和习俗的制约。"普遍接受"和最大限度地缓解社会冲突对印度以后的制度变迁具有路径依赖的作用，因而印度选择了"第三条道路"，在政治上选择议会民主制和联邦制，经济上确立了公私营并存、公营成分占据国民经济的制高点、国家干预经济的混合经济体制，① 得以"发现一个以社会集团的安全、稳定和延续性为基础的，反对个人私立的完整的社会"。②"混合经济"的概念很多，华民（1995）根据政府和市场经济活动的关系，将之分为两类，即

---

① 关于印度民主制度的形成更多的是从政治角度分析。如Nandy（1989）认为，文化异质或多元主义可能是实际上支持宪政政府建立的因素，联邦主义的结构加上种族多元主义产生了对政府权力有效的制衡。印度本土的政治文化有内在的民主性，它本质上是宽容和多元的。而现代化的制度和精英有颠覆这种传统的政治文化的威胁，并因而对印度民主造成最大威胁。

② ［美］弗朗辛·R. 弗兰克尔：《印度独立后政治经济发展史》，中国社会科学出版社，1989年版。

“秩序导向”与“发展导向”。在秩序导向的混合经济体制中，政府注重经济竞争的方式和过程，也就是规则，而不注重实质性经济活动；在发展导向的混合经济体制中，注重发展的、计划经济的政府却将设立具体的社会与经济目标看成为第一任务。一个国家选择哪种类型的混合经济体制取决于一个国家的经济发展水平和政治体制以及社会结构。

印度《宪法》的序言和第一个五年计划都非常明确地奠定了计划经济的基调。主张国家干预，同时又确立了自力更生的发展路线，而之后流行的“进口替代”战略刚好与印度的发展思路相吻合，同时，苏联和中国的工业化道路一直吸引着印度，而前两者的发展模式恰好是典型的内向型战略。印度的混合经济模式决定了经济上的强政府模式，但其发展目标和具体实践、经济目标和社会目标往往不能兼容。因为混合经济的建立不仅仅是出于工业化的考虑，更主要是出于政治考虑。

混合经济的一个后果是体制的僵化。印度混合经济体制的基本特征是计划经济，国家意志处于经济决策的中心，并以法律的形式来规范经济生活。比较典型地反映在以下三个领域：

第一，工业领域。1951年颁布的《工业发展规则法案》（*Industrial Development Regulation Act*，IDRA）即是赋予政府以工业许可证为工具，达到规范产能和控制价格的目的。1956年进一步颁布《工业政策决议》，保留公共部门对一些工业的垄断或控制权。1973年又公布《工业政策通告》（*Industrial Policy Notification*），进一步扩大了强制实行许可证的行业的范围。许可证为印度工业发展制造了制度障碍，一方面限制了私营企业的发展，另一方面造成工业发展的无效率，并为腐败孕育了温床。许可证制度造成了一种“无序”，一方面，一些垄断集团乘机通过行贿申请多个产品许可证或为同一产品申请多个许可证，借以排斥竞争对手，达到垄断的目的；另一方面许可证的繁琐申请程序影响了工厂的投产时机，对工业产出产生负面影响。

印度的民主体制是在多民族、种族、宗教的异质国家基础上建立的，兼顾公平成为经济发展的一项重要目标。为此，政府确立了对小企业的预留制度，规定一系列项目必须由小企业制造。尽管不同时期对小企业的划分标准不同，但是预留的项目一直保留相当大的比重，目前有 836 个项目。同时，建立了多个小企业机构，以保护小企业的发展，以实现扩大就业、分散工业的地区布局，加速资本和企业家技能的流动和兼顾公平的目的。这些项目主要包括纺织、服装、玩具、鞋类和轻工业制品等一些国家具有比较优势的非熟练劳动制品。上述制度一方面制造了一个僵化的制度环境，不利于市场机制发挥作用，效率低下；另一方面为更多的大企业提供了“钻空子”的机会，他们乘机分割成小企业来坐享许可证和小企业预留的双重优惠。

许可证制度和对小企业的预留使部分大企业和小企业成为受益群体，为防止相应工人也通过其有组织的机构——工会为寻求职业保护而斗争，在劳动力市场，1948 年政府颁布了《劳资争议法》（*Industrial Dispute Act*），对解雇工人和关闭企业作出了严格限制。1976 年，英迪拉·甘地政府修改《劳资争议法》，加入了 V. B 章，规定工人雇用数超过 300 人的企业关闭前必须经过政府批准，1982 年规模又扩大到雇佣人数超过 100 人的企业，但由于事实上政府从未给过这样的许可，解雇工人几乎成为不可能。Besley and Burgess（2004）研究印度各邦在工人权利立法方面的差异时发现，《劳资争议法》中对工人有利的修正案往往与制造业的低投资、低就业、低生产率以及低产量密切相关。由于《劳资争议法》，印度制造业就业市场管制非常严格，过度保护在职工人的利益，阻碍了尚未就业的工人进入。半个世纪以来，该法抑制了印度制造业的增长，加剧了社会底层的贫困。

第二，在外资领域，由于混合经济体制倾向于一种完全脱离英联邦影响的自力更生模式，国家1951年推出的《公司法》（*Companies Act*）限制了英国公司在本国的运营。受20世纪60年代风靡于发展中国家的“进口替代”政策的影响，1969年颁布的《垄断与限制性贸易行为法》（*Monopolies and Restrictive Trade Practices Act*）进一步对大资本（包括外国企业）进行控制。1973年颁布的《外汇管理法》（*Foreign Exchange Regulation Act*，FERA），规定除部分提供核心技术和出口的企业，外资股权不能超过40%。

第三，在贸易领域，实行高关税和进出口许可证政策，关税比例一度高达400%。关系国计民生的产品（如钢铁、石油、肥料）进口被国有企业垄断。政府建立技术发展总局（*Directorate General of Technical Development*），对商品进口实施管理，每年公布进口品清单。1982年，限制进口的产品又按照限制程度细分为四类。1991年开放前进出口商品总额仅为415亿美元，与中国改革开放初期的数字持平，远低于中国同期的1154亿美元。贸易开放度仅为15.7%，而中国同期为38.2%。[①]

僵化的制度使印度的制造业陷入制度均衡陷阱，背离了市场机制，并增加了制度变迁的难度。根据诺斯路径依赖Ⅱ理论，一旦在起始阶段带来报酬递增的制度，在市场不完全、组织无效的情况下，阻碍了生产活动的发展，并会产生一些与现有制度共存共荣的组织和利益集团，那么这些组织和利益集团就不会进一步投资，而只会加强现有制度，由此产生维持现有制度的政治组织，从而使这种无效的制度变迁的轨迹持续下去。

印度建国初确立的政治和经济制度实际上反映了一种调和主义思想，它严格锁定了印度制度变迁的路径，并在后来影响了开放的效果。

僵化的制度的另一个后果是制造业发展速度的缓慢和效率的低

---

① 根据WTO online database数据计算。

下，这为开放后与中国经济增长的绩效差异埋下了伏笔。表3.1提供了1980年以前两国的增长实绩，其中印度略低于中国，表3.2进一步提供了三大产业的增长数据，从中可以看出制造业落后并不是印度特有的传统，中国在建国初期工业基础也相对薄弱，两国工业在国民经济中的份额相差不大，中国为20.9%，印度为13.2%，均属于国民经济中的弱势部门。不同的是，中国的制造业在建国后获得突飞猛进的发展，在改革开放初期已经占到国民经济的近50%，而印度却始终保持着较低的比例，1980年才达到21.6%。

表3.1　中国和印度经济增长绩效对比（1950—1980年）

年份	GDP增长率（%）		人均GDP增长率（%）	
	中国	印度	中国	印度
1950—1955	5.7	3.3	4.1	1.6
1956—1960	7.6	3.0	5.1	1.2
1960—1965	8.8	3.8	8.4	1.8
1965—1970	5.2	3.9	4.7	1.9
1970—1975	4.9	1.3	2.6	-0.6
1975—1980	7.9	1.8	4.9	-0.1

资料来源：根据《新中国五十五年统计汇编》和印度统计与程序执行部《New Series of National Accounts Statistics》（2006）计算。其中，中国的数据从1952年算起。

表3.2　中国和印度三大产业构成对比（1952—1980年）

年份	中　国			印　度		
	农业	工业	服务业	农业	工业	服务业
1952	50.5	20.9	28.6	59.0	13.2	28.2
1955	46.3	24.4	29.3	57.2	15.0	28.2
1960	23.4	44.5	32.1	54.8	16.6	29.0
1965	37.9	35.1	27	47.2	20.2	32.6
1970	35.2	40.5	24.3	48.1	19.9	32.2
1975	32.4	45.7	21.9	46.3	19.8	34.1
1980	30.1	48.5	21.4	41.8	21.6	36.6

资料来源：根据《新中国五十五年统计汇编》和印度财政部“Economic Survey”（2006—2007年）计算。

3.2 中国开放前历史背景的制度分析

与印度建国初确立的调和的政治和经济制度不同，中国在建国前萌芽、壮大的是两个具有完全不同意识形态，甚至以阶级区分为对立的政党——共产党和国民党。因而，“国共合作”只可能出现在特殊的历史时期，“调和主义”不可能成为两党关系的主旋律，最终的结果势必是一方压倒另一方，以团结或暴力的方式，实现一党对国家的绝对领导权威。社会主义的阶级观念决定了中国建国后的政治传统、政治惯性都是以绝对冲突的、崩溃和再建的模式来进行转型。这种政治制度的决定模式决定了经济制度的选择不可能自发产生，国家一度不是作为利益主体的一部分，而是被“神化”了的具有超前意识的代言人，这也是计划经济的实质。

建国初期，国家的初衷是以《共同纲领》为原则，允许资本主义工商业“有利”的一面存在，并同时限制其不利的一面。为此，1950—1953 年，国家先后对资本主义工商业进行两次调整，从供给和需求两个角度，包括第一次的放松银根、刺激需求，调整税收、简化税目，调整公私、劳资、产销关系，第二次的保证私营工商业者的利润、调整银行贷款和利息，在税收、劳资、公私关系等方面进一步调整。资本主义工商业一度得以回升，但受“三反”、“五反”以及其他政治运动的影响，资本主义工商业作为中国计划经济的“非主流产品”慢慢销声匿迹了。与此同时，社会主义计划经济陷入了“体制困局”，即第一代领导集体试图修正苏联传统社会主义计划经济体制的缺陷，通过调整农、轻、重的比例关系和实行中央与地方行政分权而探索出的一条独特的社会主义发展道路。[①]“体制困局”客观上为中国经济体制改革准备了非常关键的“历史条件”，决定了中国特色的制度变迁的内生性、增量性和渐进性。1956 年《论十大关系》的出台奠定了这种思想的理论基础，强调国有企业管理体制，保证国有企业和集体企业主体经济地位的同时，使个体经济得到局部发展。然而，囿于国际政治和党内斗争的需要，该种社会主义经济体制时常被打破，但是经济格局变迁的轨迹却没有因为政治运动而打破，从 1958 年开始，国有经济在整个经济格局中的比重不断下降，集体所有制企业的比重不断上升，从建国初的近乎零到 1958 年的 10.83%，到 1978 年改革开放前夕已经达到 22.37%（见表 3.3）。发展集体企业实质上类似于印度的发展小企业，特别是 1970 年大办“五小”企业，为解决农村剩余劳动力提供了渠道。

表 3.3　中国传统计划经济体制下“政治冲击”与企业组织的演变（1950—1980 年）

年份	全民所有制	集体所有制	其他	政治冲击
1949	76.5	0.5	23	中国革命成功与中华人民共和国成立
1950	72.9	0.8	26.1	
1951	75.9	1.3	22.8	新民主主义、多元经济、多元所有制
1952	76.2	3.3	20.6	
1953	76.9	3.9	19.3	向社会主义过渡、第一个五年计划、对资本主义工商业改造、国家资本主义
1954	76.8	5.3	17.9	
1955	77.6	7.6	14.8	
1956	81.7	17.1	1.2	
1957	80.1	19	0.8	

① 邓宏图、李亚：“过渡期中国制度变迁的经济史解释：1956—1996”，《南开经济研究》，2005 年第 2 期。

续表

年份	全民所有制	集体所有制	其他	政治冲击
1958	89.2	10.8		总路线、大跃进、人民公社运动、庐山会议、经济下降
1959	88.6	11.5		
1960	90.6	9.4		
1961	88.5	11.5		政治冲击与大饥荒
1962	87.8	12.2		调整、改革、充实、提高
1963	89.3	10.7		
1964	89.5	10.5		
1965	90.1	9.9		
1966	90.2	9.8		政治冲击与“文化大革命”、大民主、极端意识形态
1967	88.5	11.5		
1968	88.4	11.6		
1969	88.7	11.3		政治局面缓和、中共九大、经济回升
1970	87.6	12.4		
1971	85.9	14.1		经济调整、“三线”建设、林彪事件、经济回升
1972	84.9	15.1		
1973	84.0	16.0		国民经济整顿、尼克松访华、“批林批孔”、中共十大、经济回升
1974	82.4	17.6		
1975	81.1	18.9		
1976	78.3	21.7		反击右倾翻案风、经济下降
1977	77.0	23.0		极“左”政治势力垮台
1978	77.6	22.4		经济回升、新的工业跃进与改革肇始

资料来源：邓宏图、李亚：“过渡期中国制度变迁的经济史解释：1956—1996”，《南开经济研究》，2005年第2期。

中国计划经济的后果之一是造就了效率低下、政企管理职责不明的国有企业，并在国家经济中占据绝对优势。长期以来，国有企业作为政府的附庸，执行国家的经济命令，阻碍市场制度的形成和发展，另外，也造成了浮夸、务虚、非经济手段竞争的风气，制约了非正式制度的优化，同时影响了改革后产业制度改革的次序。

计划经济的第二个后果是确定了执政者决定国家经济命运的权威性。制度选择过程以国家作为完全信息掌握者的假定展开，决定了一种自上而下的制度变迁路径。

计划经济的第三个后果是忽视法制建设。与印度不同的一点，中国的政策或制度改革多是以“决议”、“报告”的形式出现，由于缺乏法律的强制基础，政策变动的余地很大。①

然而，计划经济也同时为以后中国的产业结构打好了“模子”，长期的重工业发展导向使工业在国民经济中的比重从1952年的20.9%增加到1980年的48.5%。国内生产总值从1952年的人民币128亿元提高到1979年的1253.9亿元，人均GDP从人民币119元提高到417元。②

---

① 从另外一个角度讲，政策的易变一方面创造了灵活的空间，另一方面，“在变中生活”使人们将接受调整作为一种正常现象，为以后的改革开放提供了很好的“路径依赖”。

② 国家统计局：《新中国五十五年统计资料汇编》，中国统计出版社2005年版。

第 4 章

中印开放与增长路径差异的典型事实

因为本书要研究的是开放、增长与制度的关系，进而以此为依据来考察中印开放与增长路径差异的原因。因而研究的起点因为侧重点的不同可能会有两个，即增长（主要是加速增长）的起点和开放的起点。从比较通常的观点来看，中国的开放是从 1979 年"改革开放"的方针政策制定并实施之后开始，而印度的开放是从 1991 年支付危机之后的拉奥政府自由化改革开始。但是，在研究中笔者发现，中国和印度的经济增长基本都是从 1980 年左右开始。尽管有研究数据显示 20 世纪 80 年代印度的关税形式的贸易保护（以有效保护衡量）有加剧的趋势，① 但是并没有资料显示该时期的整体开放水平没有改善。相反，从 1984 年拉吉夫·甘地政府被喻为"秘密进行的改革"开始，印度的贸易开放度显著提高，1985—1990 年出口的年增长率达到 14.4%。② 因而，本书认为要研究前述三者的关系，将 1980 年作为研究的起点是比较恰当的。因为就本书讨论的问题而言，外部环境（经济的、制度的）的影响

① Das, D. K. (2003), "*Quantifying Trade Barriers: Has Trade Protection Declined Substantially in Indian Manufacturing*", Indian Council for Research on International Economic Relations, Working Paper No. 105.

② Panagariya, Arvind (2004), "*Growth and Reforms during 1980s and 1990s*", *Economic and Political Weekly* June *19*, *2004*.

对两国经济增长的差异起到直接作用，影响或制约了制度变迁的路径，在面临相同外部环境的情况下考察两国的差异才有助于揭露问题的本质原因。

在中国开始改革开放的同时，印度也开始挥手告别“教徒式的增长”。De Long（2003），Williamson and Zagha（2002）以及Rodrik and Subramanian（2004）都强调了印度经济的倍速增长早在1991年改革前10年就发生了。将图4.1与表4.1对比，可以发现这个增长的拐点。对增长的事实进行分析，一般从结构主义与新古典两种视角出发，前者强调产业结构，后者强调生产要素。本章将从经验数据出发，总结中印开放与增长路径差异的不同表现。

由于数据的可获得性和质量会影响对比的结果，本节的数据参考了多个数据库，主要有PWT6.2（*Penn World Table*，宾夕法尼亚世界表）、世界银行WDI（*World Development Indicators*，世界发展指数）、联合国贸易发展组织（UNCTAD）在线数据库、世界贸易组织（WTO）在线数据库、《中国统计年鉴》、《中国对外经济统计年鉴》、《印度经济概览》（*Economic Survey*）、印度《国民账户统计》以及多篇研究文献（具体附在每个图表的资料来源中）。

4.1 开放后中印经济增长的对比

中国和印度的经济增长近20年得到世界的瞩目。图4.1反映了根据购买力平价计算的两国GDP和人均GDP年度增长率。从1980年开始，两国的这两个指标都呈快速上升势头，而此间25年基本保持平稳。其中，中国20世纪80年代中期和20世纪90年代初都呈现过高速增长，两国经济增长率近年来基本接近。图4.2和图4.3进一步反映了两国国内统计按现价计算的总GDP和三次产业增长的变化。结合表4.1可以看出，两国的共同特征是第一产业

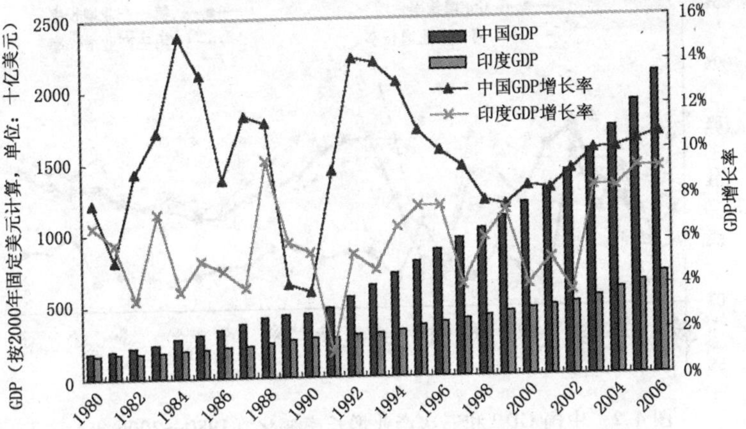

图 4.1　中印 GDP 和 GDP 增长率对比（1980—2006 年）

资料来源：世界银行 WDI 在线数据库。

增长率保持在固定水平，农业在国民经济中的比重不断降低，第二产业主要是制造业维持在一定的比例上，相对 90 年代初增长速度放缓。但是两国的第二产业规模相差悬殊，2006 年，中国的第二产业占 GDP 的比重高达 48.7%，相应的印度只占 26.6%。第三产业的比重虽都表现为逐年增加，但是中国的服务业在整个国民经济中的比重依然较低。相反，印度的服务业在国民经济中的比重已经超过 50%，成为经济增长的主要来源。近年来，两国的服务业与工业基本保持等速增长。

表 4.1　　选择年份的中印产业结构变化对比

（各产业在国民经济中的比重）

年份	中国			印度		
	第一产业	第二产业	第三产业	第一产业	第二产业	第三产业
1980	30.2%	48.2%	21.6%	37.5%	22.9%	39.6%
1990	27.1%	41.3%	31.5%	32.0%	24.2%	43.8%
2000	15.1%	45.9%	39.0%	25.7%	23.8%	50.5%
2006	11.3%	48.7%	40.0%	21.0%	26.6%	52.4%

资料来源：根据《中国统计年鉴》（2008）和印度 "Economic Survey"（2007—2008）数据计算。

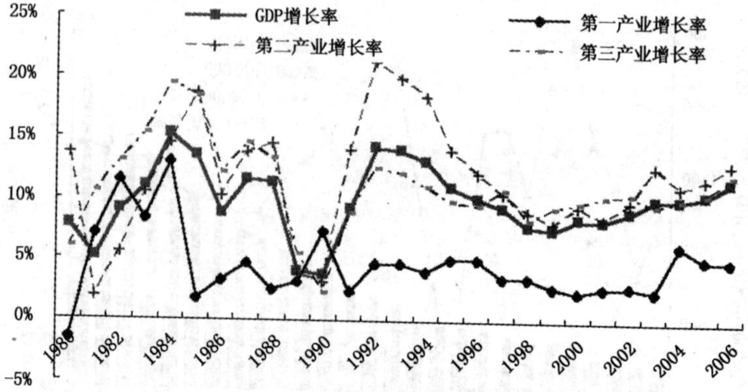

图 4.2 中国 GDP 和三次产业增长率变化（1980—2006 年）

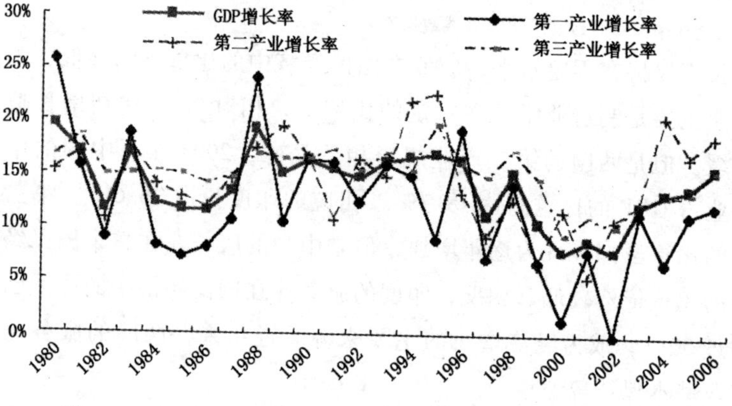

图 4.3 印度 GDP 和三次产业增长率变化（1980—2006 年）

资料来源：根据《中国统计年鉴》和印度“Economic Survey”各年数据计算。

4.2 中印贸易开放程度的对比

根据图 4.1，我们注意到中国和印度的 GDP 在 20 世纪 80 年代初处于相近的水平上，印度的人均 GDP 甚至超过中国。经过 25 年的发展，中国的 GDP 达到印度的近 3 倍。另外，两国的产业结构在80年代初就有所不同，两国开放后，这种差异有放大的趋势。但是开放能否作为解释这些差异的原因？我们需要继续研究与开放相关的经验数据。

4.2.1　中印总体贸易开放程度对比

图4.4总结了中国和印度1980年以来进口和出口的发展变化历程。根据世界贸易组织的统计，2006年中国和印度的商品和服务贸易出口总额已分别达到9689亿美元和1209亿美元，出口总额分别达到7915亿美元和1752亿美元，贸易总额约占世界的6.5%和1.5%。两国26年间贸易的增长表现为如下三个差异：（1）在1980年，中国的商品贸易的观测值就高于印度，特别是出口，超过印度的两倍，之后两国的贸易以超过GDP增长率的速度逐年增加，但相比而言，中国的进出口增长更为显著，进出口总额占GDP的比重从1980年的22%上升到2006年的72%，印度相应从15%上升到47%（见图4.5）；（2）从1980年起到20世纪80年代中期，两国的进出口增长速度要明显慢于以后各期，甚至低于该期GDP的增长速度。1987年以后，两国的进出口额开始加速上升，受亚洲金融危机的影响，上个世纪末增长出现下滑，本世纪初开始又重现上升的势头，印度近几年增速迅猛，2006年中印出口增长速度分别较上一年提高27%和21%，进口增长速度分别较上一年提高20%和23%；（3）从2006年两国出口占世界的份额上来看，中国较1980年提高了52.5倍，印度只提高了13.1倍；（4）印度的服务贸易出口在其总出口中占据相当大的份额，2003年达到GDP的10.7%，而中国只有4.4%。印度服务出口占本国总出口的份额也从1990年的20.2%上升到2006年的38.3%，而中国则变化不大，基本上保持在10%左右。从绝对值上看，尽管中国2006年商品贸易出口的规模依然是印度的8倍左右，但是两国服务贸易

出口总额已基本接近。①

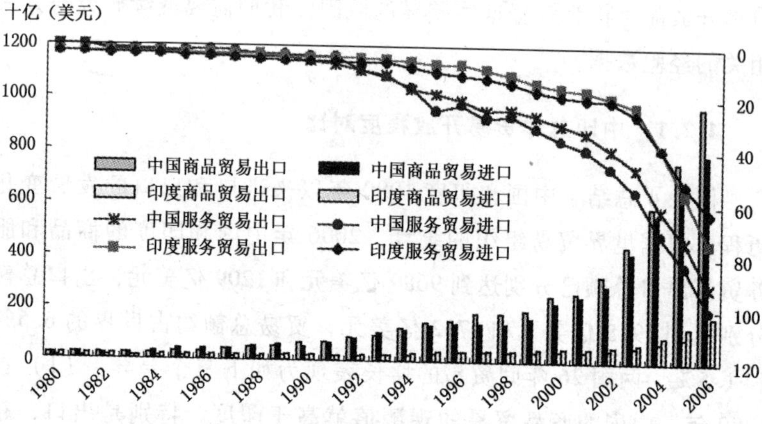

图 4.4　中印商品和服务贸易规模对比（1980—2006 年）

资料来源：根据 WTO online database 数据计算。

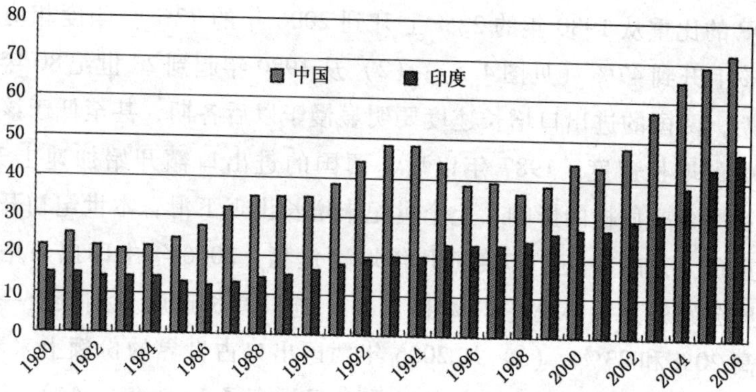

图 4.5　中印贸易开放度的演变（1980—2006 年）

资料来源：WTO online database。

① 资料来源：WTO and WDI online database。

4.2.2　中印进出口格局对比

中印经济绩效的差异同时还反映在进出口的格局方面。在出口格局方面，20世纪80年代初，两国的出口主要为了获取外汇，并未形成贸易格局的概念。中国的出口主要以石油产品等资本密集型产品和服装等高劳动密集型产品为主。表4.2显示，随着开放程度的加深，中国的出口格局逐渐转向劳动密集型轻工业品。而印度则呈现出更复杂的格局，一方面资本密集型产品出口仍然占有很大的比重；另一方面，熟练劳动密集型产品和非熟练劳动密集型产品同时占有一定的比重。

表4.2　　中印出口格局的演变（1980—2004）

出口格局	中国					印度				
	1980—1984	1985—1989	1990—1994	1995—1999	2000—2004	1980—1984	1985—1989	1990—1994	1995—1999	2000—2004
农产品	22.3	22.4	13.8	8.6	5.2	30.1	22.6	18.5	19.4	12.9
制成品	50.3	61.6	79.0	86.1	90.3	54.1	67.4	74.3	76.5	76.1
钢铁	1.5	0.1	1.6	2.2	1.6	0.2	0.0	2.4	3.0	4.4
化学	1.1	—	5.3	5.7	4.6	0.8	0.0	7.7	9.5	11.4
医药	—	—	0.7	0.9	0.7	0.0	0.0	2.4	2.7	3.1
机器和运输设备	0.8	—	17.5	25.5	40.7	0.0	0.0	7.3	7.7	9.2
办公与通信设备	0.4	3.0	6.7	12.6	24.7	0.2	1.1	0.9	1.2	1.2
电子数据处理与办公设备	—	—	1.4	5.3	12.2	—	—	0.5	0.6	0.6
集成电路与电子元件	—	—	4.1	6.0	10.1	—	—	0.2	0.4	0.3
汽车	0.1	—	0.4	0.4	0.9	—	—	1.6	1.7	1.8
纺织	15.3	16.3	10.3	7.6	6.1	12.4	12.2	13.9	14.5	11.2
服装	10.5	15.0	18.9	16.4	12.2	7.9	12.0	14.4	13.6	11.1

资料来源：根据WTO online database数据计算。

表4.3根据联合国国际贸易标准分类（SITC）两位数分类标准计算了1980—2004年两国主要出口产品的份额，从中我们可以发现几个特点：（1）2000—2005年，中印出口量最大的七种产品分别占两国出口总额的72.4%和67.5%，这反映出中国的出口产品生产的专业化程度更高；（2）与印度相比，中国的出口格局与其要素禀赋更为契合，最大的三种出口产品75、76和77与其非熟练劳动和半熟练劳动产品占主体的产业结构相一致，而且2000年以来增长迅速，在总出口中的份额从80年代后半期的4.5%增长到21世纪初的33.4%，中国是目前世界上最大的办公用机械及自动数据处理设备出口国。相反，由于受制造业部门发展低下的影响，印度33和67等资本密集型产品的出口仍占有很大的部分，两者之和达到11.3%，而处于第二位的65与中国处于第二位的84相比，资本密集程度更高。处于印度第一位的66，宝石珠宝类，则需要专业技能的劳动力，唯一占出口份额较大的劳动密集型产品84，与20世纪90年代相比，份额也日益下降。

表4.3　按两位数计算的中印出口产品格局的演变

SITC分类	产品描述	1980—1983	1984—1990	1991—2000	2001—2004
印度					
66	非金属矿物制品	9.4	16.4	15.9	14.9
65	纺织、织物、制成品及有关产品	12.4	12.0	14.0	10.6
84	服装及衣着附件	7.8	11.9	13.6	10.4
33	石油、石油产品及有关原料	8.5	4.7	1.7	6.3
89	杂项制品	3.0	2.0	3.7	5.2
67	钢铁	0.8	1.1	3.1	5.0

续表

SITC分类	产品描述	1980—1983	1984—1990	1991—2000	2001—2004
43	已加工的动植物油、脂及动植物蜡	0.1	0.0	0.1	3.6
53	染料、鞣料及着色料	0.8	1.1	1.3	3.1
28	金属矿砂及金属废料	4.8	4.8	1.9	3.0
69	金属制品	2.6	1.7	2.2	2.7
中国					
75	办公用机械及自动数据处理设备	—	0.4	4.8	12.9
84	服装及衣着附件	—	14.3	16.8	11.8
76	电信及电音的录制及重放装置设备	—	2.9	6.1	10.4
77	电力机械、器具及其电气零件	—	1.2	7.2	10.1
89	杂项制品	—	4.9	9.3	7.3
65	纺织、织物、制成品及有关产品	—	13.8	8.1	6.1
69	金属制品	—	2.0	3.1	3.4
85	鞋靴	—	2.0	4.4	2.9
74	通用工业机械设备及零件	—	0.6	1.4	2.7
78	陆路车辆（包括气垫式）	—	4.0	2.1	2.6

资料来源：United Nations Trade Statistics Online Database。

在进口格局方面，根据联合国的统计，目前中国是世界上第四大机器及运输设备生产国，2001—2004 年机器及运输设备进口占其总进口额的46%，而印度只有19%，金额上达到印度的 10 倍。印度的进口仍然以石油、石油产品及有关原料以及非金属矿物制品为主，两者合计占其进口份额的 37.4%。机器及运输设备进口数额的低下反映了印度国内需求的不旺盛，而这显然与制造业发展的滞后密切相关。

4.2.3 中印服务出口状况对比

在服务出口方面，根据WTO的统计，尽管目前中国从数量和增长速度上均超过印度，但是仍以运输和旅游等传统业务为主，2006年这些传统业务出口在总服务出口中的份额仍高达60%，而印度则更多地转向IT等高新技术产业，运输和旅游等传统服务贸易出口仅占22%。

表4.4提供了印度服务出口的增长情况和出口格局的演变。结合图4.4可以看出，印度的服务出口增长速度远远超过商品出口，而且21世纪以来有突飞猛进的趋势。2006年，印度的服务出口已经占到世界的2.7%，而商品出口仅占1%。近年来年均增长率超过60%，软件行业的出口占据最大份额，近5年来基本保持在40%左右。软件出口主要包括两部分（见表4.5），以定制软件为主，另有少部分IT化软件（即业务流程外包）。后者近年来发展迅速，是未来印度软件出口发展的方向。这里需要注意的是，目前印度软件行业出口在总出口份额中占有15.5%左右的比重。

表4.4　　印度服务出口的结构

年份	金额（百万美元）	总服务出口的份额					
		旅游	运输	保险	G. N. I. E*	软件	其他
1970—1971	292	16.8	49.7	5.5	13.7	—	14.4
1980—1981	2804	43.5	16.3	2.3	4	—	33.9
1990—1991	4551	32	21.6	2.4	0.3	—	43.6
2000—2001	16268	21.5	12.6	1.7	4	39	21.3
2001—2002	n. a.	14.1	9.5	1.3	2.3	36.6	36.3
2002—2003	n. a.	12.1	10.1	1.5	1.2	38.5	36.6

续表

年份	金额（百万美元）	总服务出口的份额					
		旅游	运输	保险	G. N. I. E*	软件	其他
2003—2004	26868	18.7	11.9	1.6	0.9	47.6	19.2
2004—2005	46031	14.1	10.4	2	0.7	37.4	35.4
2005—2006	60610	12.9	10.4	1.7	0.5	38.9	35.6
2006—2007	76181	12	10.6	1.6	0.3	41.1	34.5

* G. N. I. E：Government not included elsewhere—他处未包括的政府服务，如外交外事等驻外人员消费商品。

资料来源：*Reserve Bank of India Annual Report*，2003—2004，2005—2006，2006—2007。

表 4.5　　　　印度的软件服务与出口

年　份	IT	ITES-BPO*	合计
1995—1996	754	—	754
1996—1997	1100	—	1100
1997—1998	1759	—	1759
1998—1999	2600	—	1600
1999—2000	3397	565	3962
2000—2001	5287	930	6217
2001—2002	6152	1495	7647
2003—2004	9200	3600	12800
2004—2005	13100	4600	17700
2005—2006	17300	6300	23600
2006—2007	23500	9500	33000

* ITES：IT Enabled Services（IT 关联服务）；BPO：Business Process Outsourcing（业务流程外包）

资料来源：Reserve Bank of India Annual Report 2003—2004，2005—2006，2006—2007。

表 4.6 比较了中国和印度近年来的软件出口情况，我们发现，中国的软件出口从规模和占软件产业总收入的比重都与印度有较大差距，而且软件生产中用于出口的份额逐年减少，反映了中国的软

件业以满足内需为主。

表 4.6　　中国和印度的软件出口对比　　单位：亿美元

国别/年份	1999	2000	2001	2002	2003	2004	2005
中国	1.3	4	7.5	15	20	28	35.9
（占软件产业总收入比重）	6.0%	13.8%	18.2%	11.3%	10.3%	9.3%	8.3%
印度	39	62	86	74	95	130	172
（占软件产业总收入比重）	69.6%	71.1%	73.1%	n. a.	n. a.	n. a.	n. a.

资料来源：《中国风险统计年鉴》2005 年、2006 年。百分比数字为软件出口占软件产业总额的比重。

4.3　中印外资流入状况的对比

中印经济差异的另一个典型事实是外资流入的悬殊。改革开放以来，特别是 20 世纪 90 年代开始，外资流入在中国的资本形成中起到重大作用。

4.3.1　中印总体外资流入状况对比

如图 4.6 所示，开放后印度的 FDI 流入增长迅速，从 1990 的 2.4 亿美元增加到 2006 年的 174.5 亿美元，年均增长 4.5 倍，占 GDP 的比重由 0.07% 提高到 1.9%，2003—2006 年年均增长速度达到 93.6%，远高于中国同期的 15.3%，但无论从总量还是占 GDP 的比重来看，依然低于中国同期的 780.9 亿美元和 2.9%。

从考察外资效率的另一个指标，FDI 占本国总固定资本形成的比重来看（图 4.7）除 2006 年外，印度各年外商直接流入占国内固定资本形成的比重均低于 3.5%，但是远远低于发展中国家的平均水平（1991—2000 年均 9.2%，2006 年达到 12.5%）。2006 年外资流入的存量占 GDP 的比重也达到 5.7%（20 世纪 90 年代初为 0.5%），

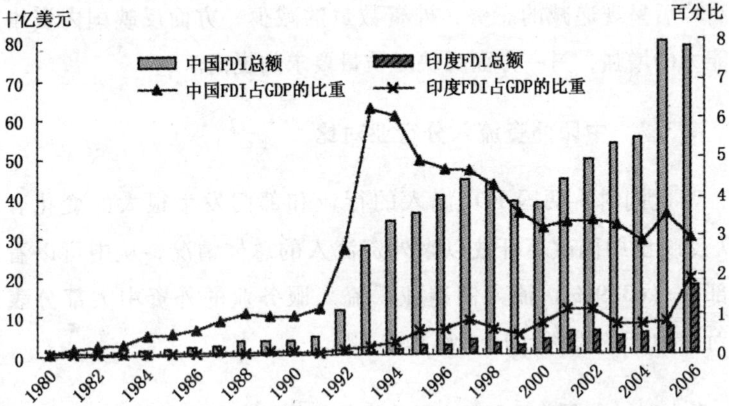

图 4.6 中印 FDI（外商直接投资）流入的变化对比（1980—2006 年）

资料来源：World Bank WDI online database。

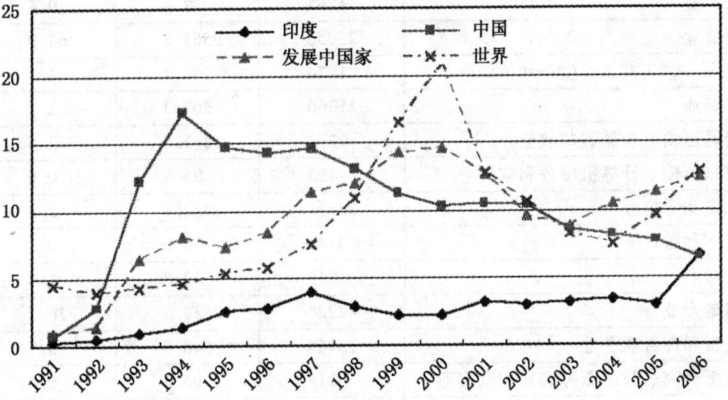

图 4.7 中印 FDI（外商直接投资）流入占固定资本形成的比重变化（1980—2006 年）

资料来源：联合国贸易与发展会议年度报告（1992—2007 年）。

尽管这个数字与中国的差距不大（10.5%），但远远低于发展中国家的平均水平（26.7%）①。而中国的外资流入数量在 1993—1994 年达

① UNCTAD online database

到高峰后呈现递减的态势，外资数量的减少一方面反映国内资本形成能力的增强，另一方面反映对质量要求的提高。

4.3.2 中印外资流入分行业对比

与此同时，两国 FDI 流入的行业和部门发生很大的变化。表 4.7 反映出中国改革开放以来外资流入的总体情况，从中可以看出大部分（63.9%）流入制造业。流入服务业的外资中大部分表现为对房地产的投资（16.2%）。

表 4.7 中国截至 2006 年吸收外商直接投资分行业统计 单位：亿美元

	项目数	合同外资	比重
农、林、牧、渔业	16472	283.4	1.9
采矿业	1263	57.9	0.4
制造业	423056	9563.8	63.9
电力、燃气及水的生产和供应业	1874	164.7	1.1
建筑业	11260	307.3	2.1
交通运输、仓储和邮政业	7272	365.8	2.4
信息传输、计算机服务和软件业	4493	95.8	0.6
批发和零售业	32531	422.1	2.8
住宿和餐饮业	3441	78.0	0.5
金融业	213	212.8	1.4
房地产业	47226	2432.5	16.2
租赁和商务服务业	23965	548.8	3.7
科学研究、技术服务和地质勘察业	6118	95.2	0.6
水利、环境和公共设施管理业	435	26.7	0.2
居民服务和其他服务业	11149	204.3	1.4
教育	1619	30.3	0.2
卫生、社会保障和社会福利业	1267	58.6	0.4
文化、体育和娱乐业	785	30.9	0.2
公共管理和社会组织	6	0.4	0
总计	594445	14979.3	100

资料来源：中国商务部：《中国商务统计年鉴（2007）》，中国商务出版社，2007 年版。

表4.8进一步计算了1995—2006年中国的外资流入变化情况，可以看出外资流入第二产业（主要是制造业）的比重在2000年后有不断提高的趋势，从1995—1999年的63.9%提高到2000—2006年的72.2%。流入第三产业的外资在20世纪90年代中期出现50%的峰值后转而下降，1999—2004年均占当期外资总流入的13.5%，2005年开始大幅增加，2006年达到当年总外资流入的33.2%。房地产业一直占据第三产业外资流入的50%左右的份额，流入金融保险业的外资仅有1%~2%。

表4.8　　中国吸收外商直接投资分产业构成统计（%）

	1995	1996	1997	1998	1999	2000	2001	2002	2003	2004	2005	2006
第一产业	4.5	1.5	2.1	2.3	3.6	2.4	2.5	2.0	2.0	2.1	2.0	1.7
第二产业	28.7	74.2	67.8	67.9	68.9	75.1	77.3	75.2	74.0	76.0	71.1	65.2
制造业	15.0	63.5	53.1	59.2	61.5	70.9	70.6	71.6	70.2	71.5	67.4	61.4
第三产业	50.0	17.5	20.9	19.7	15.8	13.1	10.7	13.1	14.6	13.8	26.9	33.2
金融业			0.0			0.1	0.1	0.6	0.3	0.4	0.3	0.4
房地产业	36.8	13.7	12.2	12.8	10.1	8.4	7.3	8.7	7.9	8.8	10.3	15.2

资料来源：根据《中国对外经济统计年鉴》、《中国商务统计年鉴》和《中国统计年鉴》各年数据计算。

图4.8描述了1995—2000年和2001—2006年两个阶段外资流入制造业的部门构成情况。从中可以看出，电子及通讯设备制造业的外资流入比例不断增加，从12%提高到19%；医药、化学等传统科技行业的比重增幅较小，分别从2%和7%增加到3%和97%；纺织业等传统劳动密集型行业的比重基本维持不变；机械工业等重工业的比重则由4%上升到8%。

FDI流入的部门以及流入的速度在印度也表现出很大的差异，由于行业分类标准的不一致，不同机构的统计数据有所差异。总体

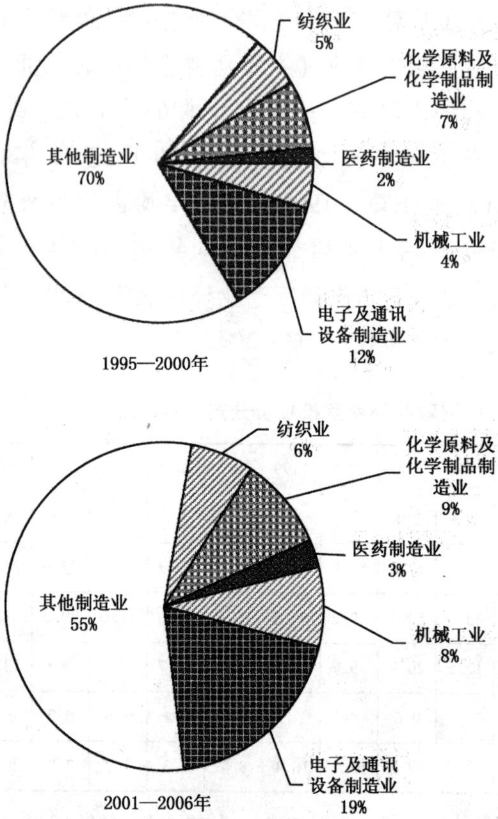

图 4.8　中国制造业分部门外资流入变化

（1995 — 2000 年和 2001—2006 年）

资料来源：根据《中国商务统计年鉴》1998—2007 年各年计算。

来看，以计算机（主要是软件）、金融和电信服务为主的服务业占印度 FDI 流入总额 33.99%，印度这一特征也与整个世界 FDI 的投向结构高度吻合。另外，医药制造业、化学工业等高科技行业也是印度 FDI 投放的重点行业（见表 4.9）。相比之下，中国这些年所吸引的 FDI 绝大多数集中在传统制造业、房地产业，流入现代服务业、高科技产业的 FDI 比重偏低。

表 4.9　　　　印度吸收外商直接投资分行业数据

（1991 年 8 月至 2006 年 12 月）

	部　　门	FDI 流入金额（百万美元）	构成（%）
1	电子设备（计算机软件与电子制品）	6923	17.03
2	服务部门（金融和非金融）	6911	16.96
3	电信（无线电寻呼、移动通信、基本电话服务）	3861	9.32
4	运输业	3548	8.44
5	燃料（能源和石油精炼）	2773	6.67
6	化学制品（不包括肥料）	2290	5.21
7	医药制品	1265	2.83
8	食品加工业	1227	2.77
9	水泥和石膏制品	956	2.35
10	冶金业	803	1.97

资料来源：Economic Wartch online database

从结构演变来看，由于 2003—2004 财年开始，印度外资流入分行业统计标准发生了变化，这里将印度 1995—2007 财年度的 FDI 流入分为三个阶段，1995—1999 年和 1999—2003 年两个阶段 FDI 流入的部门有所不同，其中流入服务业（非金融）的比重从 1995—1999 年的 10% 提高到 1999—2003 年的 24%，机械、化学等制造业部门比重降幅较大，分别从 23% 和 13% 下降到 13% 和 5%，流入计算机行业的外资增幅最大，从 1995—1999 年的 4% 提高到 1999—2003 年的 13%（见图 4.9）。图 4.9（3）描述了最近几年印度外资流入的状况，流入制造业的外资数量继续减少，2003—2007 年均占比仅为 31%，中国同期的相应数字为 67%。流入金融、保险、不动产和企业服务等领域的外资初见规模，达到 26%，加上流入计算机服务业的外资，约有 40% 的外资流入印度新兴服务业。相比而言，贸易、运输、旅馆和餐饮等传统服务业流入的外资数量有限。

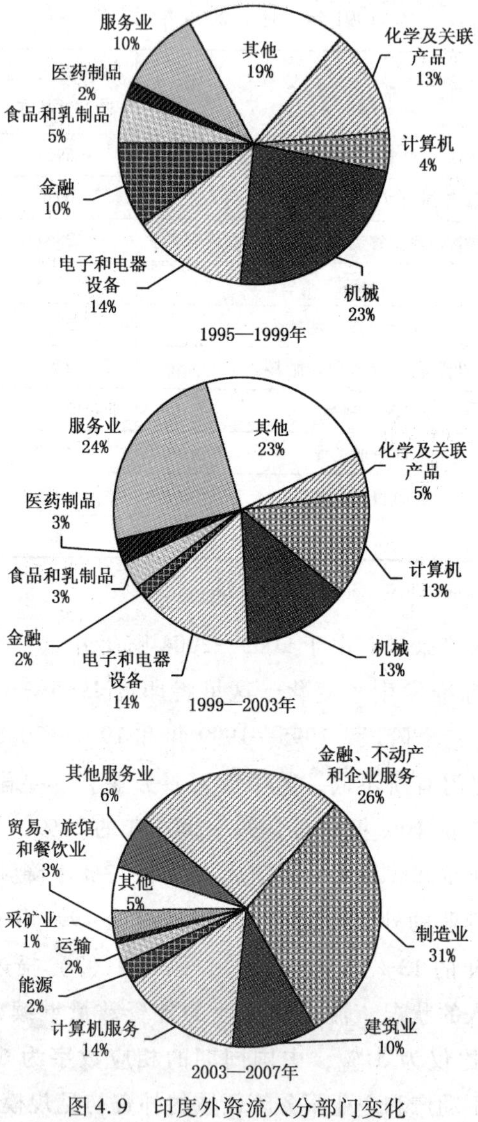

图 4.9　印度外资流入分部门变化

（1995—1999 年、1999—2003 年、2003—2007 年）

资料来源：*Reserve Bank of India Annual Report* 1997—2006 年各期。

4.3.3 中印外资流入分来源地和结构对比

两国利用外资的结构不同和流入两国 FDI 的来源地不同有关。表4.10给出了两国 FDI 按来源地排前5位的国家和地区。中国的 FDI 中绝大部分是来自华人经济圈，其中香港和台湾的比例合占48.4%，加上澳门、新加坡等东南亚华人投资，来自华人圈的投资逾60%。而美、日、欧三个地区总计仅占 FDI 总流入的24.4%。而印度外资来源的分散程度较高，除来源于毛里求斯的外资与中国的华人圈有相似的情形外，来自美、日、欧的 FDI 占43.6%，同时，近年来流入印度的欧美资金呈不断上升的趋势，2000年其比重为28%，2006年为36%，与中国近年来欧美等发达国家的 FDI 资金流入停滞不前或下降的趋势形成鲜明的对比。[①]

表4.10 中印截至2006年吸收外商直接投资按来源地统计

单位：百万美元

排名	中国			印度		
	来源地	金额	比例	来源地	金额	比例
1	中国香港	279755	39.7	毛里求斯	16000	39.2
2	日本	57973	8.24	美国	5645	13.19
3	英属维尔京群岛	57164	8.12	英国	3662	8.89
4	美国	53955	7.66	荷兰	2482	6.03
5	中国台湾	43893	6.24	日本	2176	5.16
6	韩国	34999	4.97	新加坡	1583	3.86
7	新加坡	30004	4.26	德国	1580	3.85
8	英国	13922	1.98	法国	858	2.05
9	德国	13418	1.91	韩国	814	1.8
10	开曼群岛	10755	1.53	瑞士	683	1.6

资料来源：中国根据《中国商务统计年鉴（2007）》计算。印度根据 *Reserve Bank Of India Annual Report* 各期数据计算。

① 资料来源：*Reserve Bank Of India Annual Report* 2001—2002，2002—2003，2003—2004。

两国外商投资管理体制的差异不但使得流入两国的FDI在行业结构上各有侧重，也造成了两国利用FDI方式上的差异。中国利用FDI的形式绝大部分以绿地（Greenfield）为主，而印度则更多地利用了兼并和收购（Mergers and Acquisitions）。根据《世界投资报告》（2005、2007年）提供的数据，2002—2006年，以M&A方式流入印度的FDI在总外资流入中所占的比例年均超过35%，2005年达到了最高峰55.3%，而同时期相应流入中国的比例为仅为9%，2005年达到峰值，也仅为11.3%，远远低于印度。根据《世界投资报告2007》提供的数据，2006年中国FDI流入的绩效指数仅为69，远远低于印度的113。

从证券投资的数量上看，印度的资本账户开放虽然起步晚，但是相对中国较为开放，国内金融市场发育时间长，较为完善（见图4.10），因而证券投资流入（FPI，Foreign Portfolio Inflows）一直

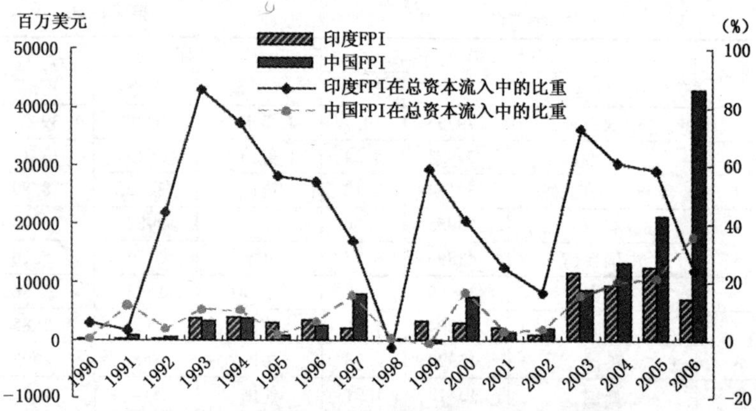

图4.10　中印证券投资净流入及与FDI净流入的对比变化（1990—2006年）

资料来源：国家外汇管理局，《中国国际收支平衡表》（1991—2006年）。印度储备银行，*Handbook of Statistics on the Indian Economy* 2007—2008。

在总资本流入中占据重要的份额，2003—2005年均占印度总资本

流入的50%以上，从1990—1991财年的600万美元增加到2005—2006财年的124.92亿美元。而中国的FPI数量相对较低，20世纪初资本净流入甚至不及20世纪90年代初期，2002年仅占总资本流入的2.7%，之后开始处于增加状态，2006年达到428.6亿美元，比2005年增加1倍，是2001年净流入量的34倍。2003—2005年两国证券投资净流入量基本相当，但由于印度2003年起FDI增速明显，FPI在总资本流入中的比例有所下降。由于FPI与流入国证券市场状况紧密相关，两国的证券投资流入一直处于波动的状态。

第5章

开放对中印经济增长路径差异的影响：制度配合与制度变迁

在本章，笔者分析制度如何影响开放与经济增长的联系机制，并引用中国和印度的实例来进行理论和实证分析。同时，在本书引言部分曾经提到，开放只是为一国经济增长提供了机会，这种机会是否会转化为现实的物质、人力资本以及生产效率，从而最终促进经济增长，取决于该国的制度环境及制度变迁，而后者深深地为前者所影响。这样分析下来，开放与制度之间可能具有某种因果关系的联系机制，从而对经济增长产生这样而不是那样的影响。本章接下来的分析将分为四部分，前两部分侧重于各种制度配合的分析，笔者的一个出发点是认为不是制度本身，而是各种制度的配合引起各国开放对经济增长的不同效应，第四部分侧重于开放对制度变迁的动态影响。首先，总结了目前有关开放和制度分析中两条比较完美的分析路径；其次，结合中印的情况分析开放所需要的制度配合；最后，对两国开放与制度的关系进行动态分析。

5.1 开放与制度的联系机制——初始分析

在分析的伊始，我们借鉴 Acemoglu、Johnson and Robinson

（2001）和 Djankov，Glaeser，Porta，de-Silanes and Shleifer（2004）构建的制度分析框架展开说明。

5.1.1　Acemoglu 等关于开放——制度关系的分析路径

迄今为止，研究开放与制度，以及经济增长差异关系的经典文献一般认为是 Acemoglu，Johnson and Robinson 的“比较发展的殖民地起源”（2001）和“贫富的逆转——现代世界贫富格局中地理和制度的作用”（2002）。在这两篇文章中，Acemoglu 等应用完美的工具变量克服了逆向因果的影响，揭示了开放和制度的因果关系。他们应用的一个重要变量是“移民死亡率”（*Mortality Rate*）。

大约从 1500 年开始，英国、法国和西班牙开始对世界上的大部分国家进行殖民统治，但是在某些殖民的地区，如非洲的马里、尼日利亚和赞比亚，白人非常不适合那里的生活，面对疾病的威胁，殖民的白人很快就会死亡。而在另外一些地区，如澳大利亚、新西兰和美国，殖民的白人死亡率则相对较低。所以，“移民死亡率”是可以用于衡量开放和制度质量的工具变量。在图 5.1 中，我们发现大约在 1700 年对移民十分不友好的国家如今是穷国，而对移民十分友好的国家现在则是富国。图 5.2 则表示财产被侵占的风险与经济增长率的关系，横轴表示各国对产权的保护程度。该图表示的关系是产权得不到很好保护的国家往往是穷国，而产权得到保护的国家往往是富国。

我们将图 5.1 与图 5.2 合在一起（见图 5.3），则不难看出产权保护与移民死亡率的关系，即那时移民死亡率低的国家正是现在产权保护程度高的国家，反之，那些移民死亡率高的国家恰好是现在产权保护程度低的国家。

对此，Acemoglu 等想说明的是，对于到殖民地国家定居的白人，在如果他们认为自己很快就会死去与他们认为自己能活很长时间的不同情况下，所拥有的激励机制是不同的。如果他们认为自己

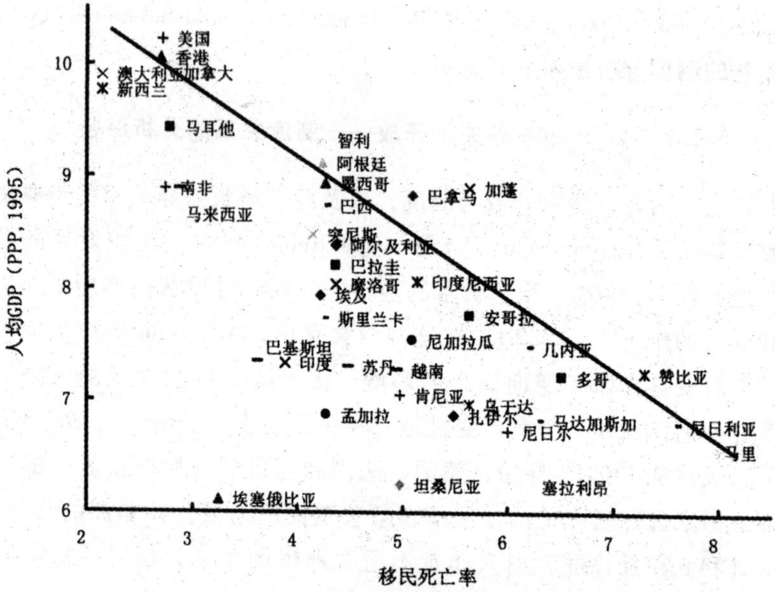

图 5.1　移民死亡率与现今经济增长率的关系

会在殖民地生存很长时间，就有很大的积极性去建立良好的制度，进行法制体系建设，倾向长期投资，这种要求使建立一种让社会各阶层普遍受益的财产权利保护制度成为可能；反之，如果他们认为自己很快就会死去，可能会采取掠夺制度，以获取短期财富。在图5.3的右下角的国家，如马里、尼日利亚和赞比亚，殖民者建立掠夺性制度，而在该图左上角的国家，如美国、加拿大、澳大利亚和新西兰，殖民者建立了促进繁荣的产权制度。Acemoglu 等认为，制度是决定经济增长的长期因素，尽管移民死亡率衡量的是 300 年前的情况，但是它们似乎仍然对现代繁荣产生了影响。这里，他们的一个观点是变量的长期性代表着制度结构的长期性。在《财富的逆转》中，Acemoglu 等将考察的时间延伸到 500 年以前，他们将这一观察结果与制度联系起来，并认为制度导致财富的逆转，在 1500 年时富裕的国家现在往往是穷国，而当时贫穷的国家现在往

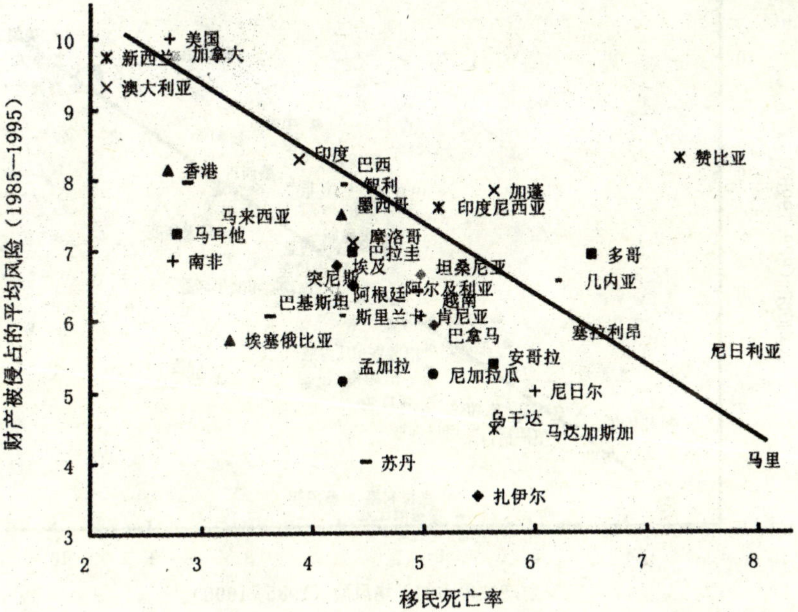

图 5.2　财产被侵占的平均风险与现今经济增长率的关系

往是富国。

对此，我们引申出的一个结论是，移民的死亡率不仅可以反映殖民地的制度质量，更可以反映当地的开放程度。① 因为殖民地式的开放对被殖民国家来说是一种被迫的开放，因而不能用当今考察贸易开放的开放度等指标来反映开放程度。但事实上，我们可以想象，当地居民对殖民者的态度是否可以作为一个反映当时开放度的指标？我们知道美洲的印第安人对殖民者是非常友好的，而在非洲，殖民者则往往面对当地居民的反抗甚至杀戮。如果可以的话，图 5.3 不仅可以反映制度之间的关系，也可以反映制度对开放的反

① Rigobon and Rodrik（2004）指出，在该文中，Acemoglu 等将移民死亡率作为制度质量的工具变量。事实上，移民死亡率由于原因的复杂性可以代表多方面的内容。Acemoglu 等也并未在该文中明确指出移民死亡率是制度质量的工具变量。

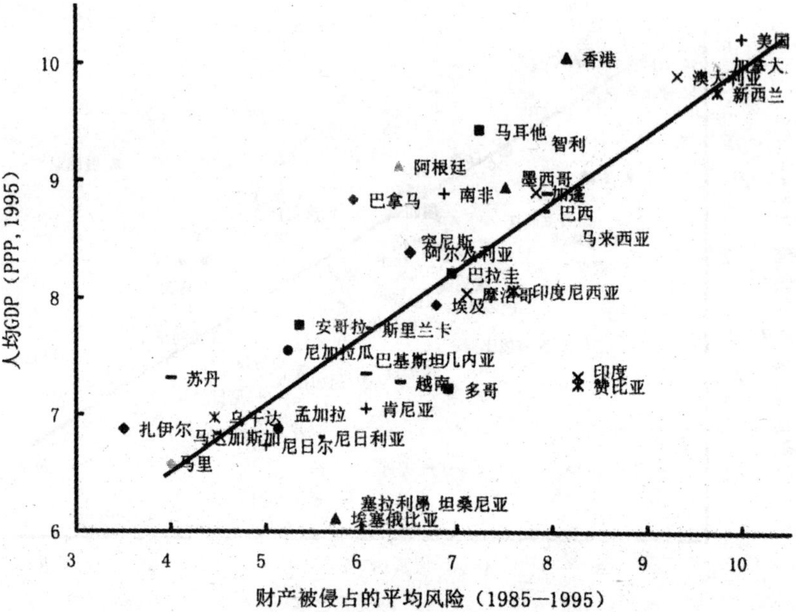

图 5.3　财产被侵占的平均风险与移民死亡率的关系

应。开放对受益群体（殖民者）建立良好的制度提供了激励，从而有效的制度得以建立。

5.1.2　Djankov 等关于制度配合与制度选择的分析路径

关于制度配合的另一篇重要文献，笔者认为是 Djankov，Glaeser，Porta，de-Silanes 和 Shleifer（2004）年写作的《新比较经济学》。从启蒙时代开始，好的经济制度表现为要能有效地保护产权（斯密，1776），而产权保护的核心是对专制的控制和防止政府掠夺（霍布斯，1651；孟德斯鸠，1748）。因而制度设计的关键问题是要解决控制无序（*Disorder*）与专制（*Dictatorship*）这两个目标之间的冲突问题。

图 5.4 描述了一个社会或社会中一个部门的制度可能性边界

（*Instititional Possobility Frontier*，IPF），横轴和纵轴分别表示由于高度专制和高度无序带来的社会损失。IPF 的每一点都代表这样一种制度，在特定的社会或产业中，只有专制程度加强才能减少无序。当规则在实施时，达到了无序和专制均衡，就具有了自我实施的性质。向下倾斜的 45°线显示了一定程度无序和专制下的总社会成本，它与 IPF 的切点就是一个社会或部门的有效制度选择。IPF 的形状和位置，以及有效制度的选择在不同的社会差异非常大。如果社会的“公民资本（*Civic Capital*）”越多，即 IPF 曲线的位置越接近原点，人们就越可能合作。另外，“公民资本”是一种约束而不是一种选择，最优点由 IPF 曲线的形状来决定。如果一个社会存在有效的政府和新闻自由等，则通过政府来控制社会无序就会产生更少的社会损失，IPF 曲线会更陡，从而在有效点上允许存在更多的政府干预。反之，在那些市场约束更有效，参与者之间的资源分配不那么不平等并且形成垄断的可能性较小的社会，加强政府专制并不会减少太多的无序，则其 IPF 曲线更平坦，符合效率的选择点要求更少的政府干预。

我们接下来扩展一下分析，考虑开放对制度可能性曲线的影响。我们不难发现，Djankov 等提出的“公民资本”其实就是制度，而制度在不同的文献中更是被冠以不同的名称，如 Putnam（1993）的“社会资本（*Social Capital*）”和 Hall and Jones（1999）的社会基础设施（*Social Infrastructure*）。而制度可能性曲线其实反映了一种制度结构，即整个社会的制度框架是如何配比的（见图 5.4）。然而，正像 Djankov 等所言，一个社会并不一定会选择与社会成本曲线相切的位置，从而使社会损失最小。本章要说明的是，开放政策、外部经济活动的进入，必然在一定程度上受制于本国制度可能性曲线位置和形状的影响，从而对经济增长产生不同的形态。同时，开放本身也会对 IPF 的形状和位置产生影响，特别是可能诱致 IPF 曲线不断向原点移动（见图 5.5）。诚然，没有任何规

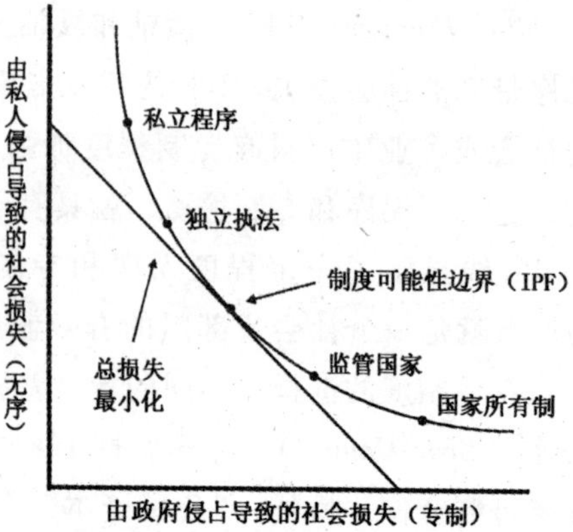

图 5.4　制度可能性曲线及制度组合

资料来源：Djankov，Simeon，Edward Glaeser，Rafael La Porta，Florencio Lopez-de-Silanes，Andrei Shleifer (2003)，"*The New Comparative Economics*"，Journal of Comparative Economics，Vol. 2003/12.

则可以得到不折不扣的执行，也不存在任何制度可以完全消除由于专制和无序而产生的交易成本（科斯，1960）。因而，制度安排的配合和制度变迁的过程构成了整个人类发展变化的始终。

5.2　开放与制度配合——静态分析

与本书第 1 章提到的开放与增长以及制度与增长的联系机制不同，开放与制度的联系机制尚未形成系统性的、比较公认的结论，在已有的对跨国数据回归的实证检验文献中，可以零散地找到一些证据。然而现有的证据中大多侧重于探讨开放与制度的相关关系（如 Rogibon and Rodrik，2004；Jansen and Nordas，2004），即开放与制度是否相关，并没有明确考察开放需要什么样的制度环境来配合，才能形成促进经济增长的动力。也有一些经济学者注意到开放所需要的制度环境，如 Bolaky and Freund（2004）采用跨国回归分

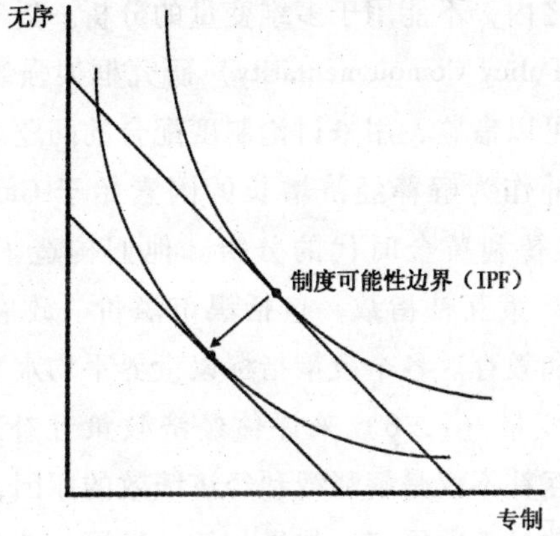

图 5.5　制度可能性曲线的移动

资料来源：Djankov，Simeon，Edward Glaeser，Rafael La Porta，Florencio Lopez-de-Silanes，Andrei Shleifer（2003），"*The New Comparative Economics*"，Journal of Comparative Economics，Vol. 2003/12.

析发现，只有不存在过分管制的国家，才会存在贸易开放促进经济增长的效果；Baldwin（2003）强调，如果要保证贸易自由化在长期内有效，必须至少有一个稳定的非歧视的汇率体制、稳健谨慎的货币财政政策和无腐败的经济管理体系。但是总体上，缺乏具体细致地对开放的制度环境的分析。Rodrik（2005）认为主要的原因是国家间从经济原则到政策组合没有一个统一的途径可遵，成功的国家采取不同的策略进行改革，达到一个宽范围的结果。本节从定量和定性两部分来比较两国在开放条件下的制度环境，即各种制度指标的配合。

5.2.1　制度配合的研究现状与问题

特别说明制度配合的研究框架目前在理论界很难发现，相关联的包括 Fisman and Gatti（2000）关于分权与腐败的研究，前述的 Djankov 等（2004）关于"专制"与"无序"的研究大多建立在两维的研究框架之内，不能用于多维变量的分析。近年来刚刚起步的“政策互补”（Policy Complementarity）研究框架强调各种政策之间的配合，我们可以借鉴，用来讨论制度配合的问题。

将政策互补作为解释经济增长的因素始于 Gallego and Loayza（2002）对拉美智利黄金时代的分析。他们构造了与开放有关的 Gallego-Loayza 政策互补指数，包括黑市溢价、政府消费、金融发展、寿命预期和教育。各个政策指标以世界平均水平为基准，通过构造一个虚拟变量（1，0）来评估经济政策互补对增长的影响。他们发现政策互补不仅是解释智利经济绩效的原因，也可以用于说明其他经济绩效显著的国家，如爱尔兰、韩国、荷兰和泰国。后来的学者，如 Calderón and Fuentes（2005）发现 Gallego-Loayza 政策互补指数的一个明显的缺点是只能描述政策配合的状况，无法将其范围和强度数量化。他们选用贸易开放和金融开放作为政策互补，在增长的背景下测度其与制度质量的关系，得出国际贸易与金融一体化将促进具有高质量制度国家的经济增长的结论。

就贸易开放而言，如本书第 2 章理论框架所述，贸易开放对增长的积极作用在于拓宽潜在的市场、生产的专业化，通过与外国企业的联系改善技术扩散和管理技能。Calderón and Fuentes 发现将智利的贸易开放度提高到韩国的水平，即是现在的两倍，那么经济增长率将提高 0.34 个百分点。而如果把贸易开放的“政策成分”提高到按制度质量排名的前十位国家（如爱尔兰或菲律宾）的水平或前五位国家（如加拿大和泰国）的水平，经济增长率则会增加 0.7 或 0.9 个百分点。

如本书引言部分所述，大量的研究文献（如 Rodríguez and Rodrik，2000）并未发现贸易开放的水平与经济增长之前存在稳健的关系。然而，一旦将贸易开放规划到一个更大的蓝图中，如资本积累的速度（包括物质和人力资本）、政治稳定和经济改革的深化等，则不难找到贸易开放促进经济增长的证据（Wacziarg and

Welch，2005）。Calderón and Fuentes（2005）运用广义矩阵估计方法计算了贸易开放对制度质量的影响强度，即贸易开放和制度质量的相关系数，根据他们的估计结果，贸易开放在制度质量很高的国家会更好地促进经济增长，而对那些制度薄弱的国家（处于按制度质量排名世界后15%）而言，贸易开放对经济增长影响甚至可能为负。贸易开放水平每增加一个标准差，在不同的国家有不同的增长效应，如在制度质量处于世界后25%的巴西，增长率只能提高0.18个百分点，而在中等制度质量国家（如墨西哥）则可以提高0.45个百分点，在制度质量处于世界前28%的国家（如韩国）则会提高1个百分点。

金融深化有助于资源配置和分散风险，同样根据Calderón and Fuentes（2005）的估计，如果智利国内私人部门的贷款比例（占GDP的65.4%）达到加拿大和爱尔兰的水平（83%），则增长率将提高0.03个百分点，如果达到英国（121%）和韩国（144%）的水平，经济增长率将分别提高0.07和0.10个百分点。

同样的原因可以解释为什么很难捕捉到金融开放和经济增长的实证证据，尽管部分学者（如Klein，2005）曾对资本账户开放在确定条件下可以促进经济增长的证据进行过探讨。Calderón and Fuentes（2005）计算了金融开放每提高一个标准差（即外债与GDP的系数提高24%）对不同制度水平的国家有不同的影响。金融开放在制度薄弱的国家（处于按制度质量排名世界后1/5的国家）会对增长有负的影响，金融开放每增加一个标准差，将会引起这些国家经济增长率倒退0.01～0.6个百分点。反之，金融开放会促进具有高质量制度的国家的经济增长，在处于按制度质量排名世界前25%的国家，金融开放每增加一个标准差，经济增长率至少提高0.32个百分点。

从Calderón and Fuentes（2005）的研究中，我们至少可以发现三点规律：（1）相对贸易开放而言，经济增长对金融开放的敏感度更低，即更高的金融开放对经济增长的促进程度相对贸易开放要低，该结论进一步验证“贸易是经济增长的引擎”的经典论断；（2）金融开放对制度质量的要求更为严格在于金融深化的制度环境对金融开放的效果而言更为关键；（3）正如 Calderón and Fuentes 自己提到的，在金融市场已经与世界完全一体化的发达国家，进一步开放资本账户并不能得到更大的收益，因而，最可能从金融开放中受益的是中等收入的国家。

然而，上述日益受到关注的结论对本书的经验证据提出很大的挑战。从目前世界上反映制度质量指标的综合排名上看，印度基本上好于中国。如在世界银行的治理指数中，中国除政局不稳和暴力指标得分高于印度，其余五项指标都低于印度，在话语权和问责制与法治两项指标上印度为正，而中国为负。加拿大弗雷泽研究所编制的世界自由化指数同时给出了分值和排名，2000—2006 年，印度的综合排名分别为 71、70、65、60、53、70，而中国则分别为 85、84、89、89、95、88。在政治制度的衡量上，Polity Ⅳ给出的 2000—2004 年的得分中，中国各年均为 1，接近于独裁，而印度各年均为 9，接近于最民主。在衡量分权的联邦制指数方面，两国数值接近，除印度 2004 年出现指标数值大幅上升。在最新发布的国际知识产权指数中，在 70 个国家中印度排名 33，属于第二梯队，而中国排名 45，被列入第三梯队。

如此看来，似乎印度的制度质量相对中国要好一些，但是为什么中国的经济增长一直快于印度，以进出口总额占 GDP 的比例测度的贸易开放度也明显高于印度，外资流入是印度的十倍。我们考虑到两个原因：（1）Gallego and Loayza（2002）将政策互补框架引入对经济增长的分析，指出不仅仅是好的政策，更重要的是好的政策配合，才能有助于刺激经济增长。一些变量依赖于其他变量才能对经济增长起作用。为此我们使用主成分分析法分别分离出对中国和印度开放影响较大的制度指标，并考察相互之间的配合；(2)考察两国贸易、资本流入、外资流入以及增长的质量，来挑战长期以来一直在理论界用数量指标作为唯一测度开放度的方法①。其中关于增长的质量的考察将在下一章进行。

5.2.2 模型、方法和数据处理

尽管本书关注的问题是中国和印度的开放与制度情况，但是研究制度环境中各项制度安排的配合的规律需要大量的国家样本和时间变量数据来辅证，在这里我们可以引用一个制度配合框架，来研究开放需要什么样的制度环境的配合。

本节的研究主要采取因子分析法。因子分析是近些年来颇为流行的多元变量统计方法。它是用较少个数的公共因子的线性函数和特定因子之和来表达原来观测的每个变量，从研究相关矩阵内部的依赖关系出发，把一些具有错综复杂的变量归纳为少数几个综合因子的一种多变量统计分析方法。当这几个公共因子（或综合因子）的累计方差和（即贡献率）达到85%以上时，就说明这几个公共因子集中反映了研究问题的大部分信息，而彼此之间又不相关，信息不重叠。因子分析的数学模型为：

$$
\begin{aligned}
y_1 &= a_{11}f_{11} + a_{12}f_{12} + \cdots + a_{1n}f_{1n} + \varepsilon_1 \\
y_2 &= a_{21}f_{21} + a_{22}f_{22} + \cdots + a_{2n}f_{2n} + \varepsilon_2 \\
&\cdots \\
y_m &= a_{m1}f_{m1} + a_{m2}f_{m2} + \cdots + a_{mn}f_{mn} + \varepsilon_m
\end{aligned}
\tag{5.1}
$$

其中 ε 为残差向量，观测之间的关系用要素（f）来估计，其中 $n < m$。

本节采取主成分法提取公因子，并采用方差最大化正旋转。具体步骤是：(1) 首先将选取的各类制度指标因素，不论作用大小，

① 衡量开放的质量尚是一个复杂而没有清晰研究思路的课题，这也是笔者未来要进一步研究的命题之一（参见第8章未来的研究问题部分，此处仅作为一个想法提出）。

尽量一一列出，把这些因素看做彼此之间是有机联系的；（2）采用统计分析中多元变量的因子分析技术，从众多的因素中筛选出几个主要支配性因素，并计算因子得分，对两国开放的制度因素分别进行排序；（3）在第二步因子分析基础上，对两国的制度环境差异进行说明。

本节的数据主要分成三部分：反映制度质量的指标、反映市场制度的指标和反映政治制度的指标。制度质量的指标选用世界银行的治理指数，市场制度的指标选用经济自由度指数，而政治制度的指标采用世界银行的“政治制度数据库”的数据。

目前普遍采用的衡量制度质量的指标是国家风险指南（*International Country Risk Guide*，ICRG）（如 Hall and Jones，1999；Knack and Kefeer，1995）。本书由于该数据的不全[①]，此处采用世界银行的治理指数代替，该指数分为六个组成部分：

（1）话语权和问责制（*Voice and Accountability*），衡量政治权、公民权和人权；

（2）政局不稳和暴力（*Political Stability and Lack of Violence*），衡量对政府进行暴力威胁或者政府更迭的几率，包括恐怖主义；

（3）政府的效率（*Government Effectiveness*），衡量官僚机构的能力和公共服务提供的质量；

（4）管制负担（*Regulatory Quality*），衡量不利于市场的政策发生率；

（5）法治（*Rule of Law*），衡量执行合同、警察、法院的质量，包括保护财产所有权、司法独立和犯罪发生率；

（6）防治腐败（*Control of Corruption*），衡量以权谋私，包括

① 本书第 7 章选用了该数据库的两个指标进行了时间序列分析。

小腐败和大腐败（特权阶层对国家的俘获），对腐败进行控制。[①]

图5.6反映了制度配合的国家数据。分值范围在－2.5～2.5之间，数值越大意味着治理水平越高。

表5.1详细地列示了中国和印度各项治理指数的详细数据。由于不论是市场经济国家还是计划经济国家，政府对经济都存在干预和控制，政府行为是市场经济制度中的一个核心部分，而且政府还能影响一国市场经济制度的其他方面，所以政府干预的程度、方式和效率往往是各国经济绩效的关键决定因素，对政府治理（Governance）质量的评估往往也能反映出一国制度质量的好坏，事实上在很多实证研究中，治理指标都用来替代制度的质量。[②]

表5.1　　中国和印度的治理指数比较（1996—2006年）

	国别	2006	2005	2004	2003	2002	2000	1998	1996
话语权和问责制	中国	－1.66	－1.46	－1.33	－1.36	－1.4	－1.38	－1.39	－1.66
	印度	0.35	0.4	0.39	0.32	0.4	0.28	0.34	0.12
政局不稳和暴力	中国	－0.37	－0.26	－0.17	－0.36	－0.21	－0.1	－0.09	－0.27
	印度	－0.84	－0.79	－0.94	－1.25	－1.01	－0.66	－0.83	－1.12
货币的稳健性	中国	－0.01	－0.09	0.01	0	0.03	－0.03	－0.22	0.24
	印度	－0.04	－0.12	－0.06	－0.05	－0.11	－0.14	－0.16	－0.19
政府的效率	中国	－0.19	－0.28	－0.35	－0.44	－0.56	－0.28	0.09	0.2
	印度	－0.15	－0.24	－0.38	－0.36	－0.35	－0.13	－0.28	0.02

① Kaufmann, Kraay, and Mastruzzi (2006), "*Governance Matters IV (2006)*", World Bank.

② 涂红：《发展中大国的贸易自由化、制度变迁与经济发展》，中国财政经济出版社2006年版。

续表

	国别	2006	2005	2004	2003	2002	2000	1998	1996
管制负担	中国	-0.4	-0.43	-0.39	-0.47	-0.36	-0.44	-0.4	-0.23
	印度	0.17	0.12	0	-0.01	-0.02	0.19	0.15	0.26
防治腐败	中国	-0.53	-0.68	-0.57	-0.49	-0.4	-0.36	-0.22	-0.09
	印度	-0.21	-0.33	-0.37	-0.38	-0.41	-0.33	-0.27	-0.36

资料来源：Kaufmann, D., Kraay A. and M. Mastruzzi (2007), "*Governance Matters IV: Aggregate and Individual Governance Indicators* 1996—2006", World Bank.

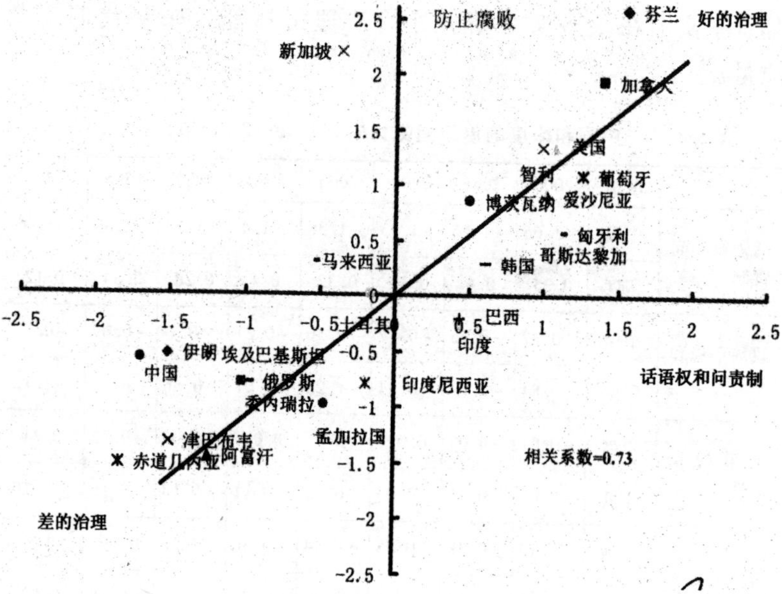

图 5.6　制度配合的两维描述

资料来源：Kaufmann, D., Kraay A. and M. Mastruzzi (2007), "*Governance Matters IV: Aggregate and Individual Governance Indicators* 1996—2006", World Bank.

衡量市场制度的指标比较常用的是经济自由度指数，比较权威的编制部门有两个：一个是由《华尔街日报》和美国传统基金会发布的 Index of Economic Freedom 年度报告。涵盖全球155个国家和地区，是全球权威的经济自由度评价指标之一。该指数根据经济自由度50个指标评价各个国家的得分。每一个指标的最高得分为1分，最低得分为5分。在一个指标上分数越高，政府对经济的干涉水平越高，因此经济自由度越低。各个指标累加后的平均值可以计算出总体系数。美国传统基金会的观点是，具有较多经济自由度的国家与那些较少经济度的国家相比，会拥有较高的长期经济增长速度和更繁荣。根据得分，所有国家被分为如下四个等别：自由（2分以下）、比较自由（2~3分）、不太自由（3~4分）和受压制（4分以上）。

另一个是加拿大弗雷泽研究所（*The Fraster Institute*）编纂的世界经济自由化指数（*Economic Freedom of World*，EFW），该指数包含了123个国家样本，2002年以来共包括5个大项和38个小项。在这38个指标中，弗雷泽研究所对具有定性方面特征的变量和连续性数据两类不同性质的指标采取了不同的测算方法。对于定性特征的指标，运用打分法，打分范围在0~10分之间。其表现与经济自由化状态越一致，得分越高。对于有连续数据的指标，先设定一个基准年份（1990年），然后规定该年某一与经济自由度正相关的指标数据的最大值与最小值分别为10分和0分，而与经济自由度负相关的指标数据的最大值和最小值规定为0分和10分，然后在评价某一年度的具体指标时采用统计上的“插值法”公式进行计算。也就是，对正相关测度指标的得分运用公式 $[(V_i - V_{min})/(V_{max} - V_{min})] \times 10$，其中 V_i 是 i 国该指标的实际取值，V_{max} 是该国该指标在基期年间的最大取值，V_{min} 是该国该指标在基期年间的最小取值。对逆相关的测度指标的得分则采用公式 $[(V_{max} - V_i)/(V_{max} - V_{min})] \times 10$。如果计算出来的得分超过10分时定为10分，低于0分时定为0分。各指标的权重，在2002年以后由主成分分析法确定变为采用简单平均方法。该指数得分越高，经济自由化程度越高。我们可以看到，自由化指数强调政府管制的放松和对经济干预的减少，这正是市场经济标准中最重要的标准。就总体指标来看，市场经济程度越高，相应自由化程度越高；反之，市场经济程度越低，自由化程度越低（见表5.2）。因而可以作为评价市场制度的定量指标。

表5.2　　经济自由化指数（EFW）①

大项	中国		印度		小项	中国		印度	
	1980	2006	1980	2006		1980	2006	1980	2006
总分	4.4	6.2	5.3	6.6					
（排名）	(80)	(88)	(62)	(70)					
政府规模	2.6	5.1	4.5	7.1	A. 政府消费占总消费的比例	5.3	3.7	8.3	6.8
	(52)	(101)	(66)	(38)	B. 转移支付和补贴占GDP比例		8.3	8.7	8.6
					C. 国营企业和投资占GDP比例	0.0	2.0	0.0	6.0
					D. 最高边际税率		6.0	1.0	7.0
					（1）最高边际收入税率		6.0	1.0	7.0
					（2）最高边际收入和工资税率				7.0
法律结构与产权保护		5.9	6.3	6.6	A. 司法独立		4.1		7.2
		(72)	(34)	(42)	B. 公正的法庭		4.3		6.3
					C. 知识产权保护		5.5		7.1
					D. 法律与政治程序的武力干预		5.0		6.7
					E. 法律体系的统一性		7.5		6.7
					F. 合同的法律执行		6.9		2.6
					G. 不动产销售的法规限制		8.3		6.3
货币的稳健性	6.2	8.2	6.1	6.7	A. 货币供给的增长率	6.0	9.1	8.4	8.3
	(50)	(72)	(59)	(104)	B. 通胀率的变化	9.5	9.1	8.1	9.7
					C. 最近年份的年通胀率	9.2	9.7	7.7	8.8
					D. 拥有外币账户的自由	0.0	5.0	0.0	0.0

① 中国和印度1980年和2006年数据，括号内为世界排名。

续表

大项	中国		印度		小　项	中国		印度	
	1980	2006	1980	2006		1980	2006	1980	2006
对外交易的自由	4.1	7.5	4.3	6.8	A. 国际贸易的税收状况	3.2	7.9	0.0	5.5
	(78)	(32)	(69)	(68)	(1) 税额占进出口总额的比例	6.2	8.8	0.0	7.5
					(2) 平均关税税率	0.1	8.0	0.0	6.2
					(3) 关税税率的标准差		6.9		3.0
					B. 管制性贸易壁垒		6.2		6.8
					(1) 非关税贸易壁垒		5.5		6.3
					(2) 进出口的税务执行费用		6.9		7.3
					C. 对外贸易部门的规模	4.3	10.0	3.7	8.2
					D. 官方汇率与黑市汇率间的差异	5.0	10.0	9.0	10.0
					E. 国际资本市场的管制	0.0	3.2	0.0	3.6
					(1) 外国所有权/投资限制		6.4		7.1
					(2) 资本管制	0.0	0.0	0.0	0.0
信贷、劳动力和商业管制	3.0	4.8	5.3	5.9	A. 信贷市场管制	0.0	7.3	5.2	6.3
	(90)	(109)	(52)	(99)	(1) 银行的所有权	0.0	2.0	0.0	2.0
					(2) 面对外国银行的竞争		8.0		6.0
					(3) 私人贷款部门		9.2	7.7	7.2
					(4) 利率管制/避免负的实际利率	0.0	10.0	8.0	10.0
					B. 劳动力市场管制		3.2		6.4
					(1) 最低工资的作用		5.0		7.9
					(2) 聘用和解聘的弹性		5.6		3.6
					(3) 集体交涉	4.5	7.3	6.2	7.1
					(4) 强制性招聘成本		0.0		4.8
					(5) 强制性解雇成本		1.6		4.8
					(6) 兵役	0.0	0.0	10.0	10.0
					C. 商业管制		4.0		5.9
					(1) 价格管制		1.0		5.0
					(2) 行政管理需求		4.3		3.2
					(3) 官僚成本		4.8		6.0
					(4) 开办企业		8.2		8.2
					(5) 额外支付/贿赂		5.4		5.3
					(6) 许可证限制		3.9		6.3
					(7) 税收稽查成本		0.2		7.0

资料来源：Economic Freedom of World，“2008 *Annual Report*”.

在引言部分曾提到本书使用的三类制度，其中包括民主等政治制度。在实证发展过程中，也出现一些测度民主情况的指标，比较常用的有 Freedom House Index 和 Polity Ⅳ。“Freedom House Index”是由美国人权组织“自由屋”创立的用于衡量政治自由度的指标体系。一般通过新闻调查的形式采集数据，并对不同国家进行评分，目前已增至 193 个国家。“Freedom House Index”利用二维空间来评分，一维是竞争与参与，另一维是民众的自由权，把二维同时考虑得出一个 1 ~7 的测量度。从 1 到 7 表示民主程度的不断下降。学者们用这个测量系统得出结论：民主国家为 1 ~2.5，3 ~5.5 为半民主，而 5.5 ~7 为非民主国家。虽然自由屋指数是世界大多学者公认的民主测量系统，但有自身的不完善性，在同样指数的国家里各国的政治结构却大有不同，但自由屋指数却无法表现这种不同。

Polity Ⅳ是美国马里兰大学国际发展与冲突管理中心根据各国政治现况评定的测度政治民主化的数据库。时间跨度比较长，最早从 1800 年到最近的 2004 年，指标的值根据每个国家政治参与的竞争性、政治参与的规制、行政的竞争性、行政征聘的开放性和对行政权的控制五方面的得分进行加总，按照 0 ~10 依次表示从独裁到民主的程度。

最近被广泛引用的是 2006 年起由英国经济学家的附属机构经济学家情报部（*Economist Intellegence Unit*，EIU）编制的“民主指数”（*Democracy Index*），该指标由选举程序及多元化、政府功能、政治参与、政治文化和公民自由五个子指标构成，包含 167 个国家的数据，可以很好反应各国民主的变化情况和演进趋势。但是由于编制时间较短，只有 2006 年和 2007 年两年的数据，无法符合本书的计量要求，仅作为进一步关注的指标。

联邦制指数（分权指数）是 Kearney（1999）在 Vernon Henderson 的指导下编制的，包括 49 个国家从 1960—1995 年的数据。

指标周期为隔五年一个，共从9个维度考虑，包括政府结构、地区行政的选择、取替权、提高权力的回报、收益分成，以及教育、基础设施和治安的权力。Arzaghi and Henderson（2005）根据Polity数据库进一步度量了分权程度的联邦制指数，并指出联邦制指数与民主指数具有0.63的相关性。然而由于数据的不可获得，本书中的分权指标的计算仍沿用传统的地方政府的总消费与各级政府总消费（包括地方和国家）的比重（如Fisman and Gatti，2000）。原则上地方政府消费应包括省（州或邦）以及更下级（县市）政府的消费，但是目前本书所研究的两国相关数据仅提供到省（邦）级。

本书采用的衡量政治制度的指标来自世界银行的“政治制度数据库”（*Database of Political Institutions*，DPI）。该数据库涵盖了1975—2006年178个国家的政治制度数据，包括123个变量，主要衡量政治体制和选举规则。可以分为五组：（1）首脑变量，例如总统和议会体制、在位年限、首脑的政党联系；（2）立法机关中的政党变量，例如不同政党占有席位的数量、是否一党占绝对多数、选举日期；（3）选举规则，例如多元化或按比例的选举体制、代表权的门槛、选举是否受舞弊影响；（4）稳定与制衡原则，例如：现存政治制度的年限、制衡原则、两级分化；（5）联邦制，例如：是否有自治区、市政是否地方选举，等等。本书根据分析的需要，主要选取政治体制和立法与当局选举竞争指数两个指标。

这样我们构筑的制度配合一共包括制度质量（6个）、市场制度（5个）和政治制度（3个），共14个指标（见表5.1和表5.3）。[①] 本节的观测期间为2000—2006年，这主要是受限于资料的可获得性，这样共112个观测值。其中治理指数仅提供了1996、1998、2000、2002—2004年的数据，EFW指数从1975年起每五年

---

① 在EFW中，市场制度分为三个层次，第二层次和第三层次在表5.2中前面分别加字母和阿拉伯数字。本节选用第一层次的数据计算。

编制一次，近期（2000—2006年）提供到逐年数据（有1997年的数据但不具有可比性），因而选择重合年份，并对治理指数中缺失的年份2001年采用插值法补足。另外，为了使各种数据可比，我们在计量的过程中对反映制度质量的治理指数和反映政治制度的政治体制、选举竞争、联邦制指数的数据按照0~10的分值按比例作了调整，其中为了兼顾制度的稳定性和细微改进两个特征，笔者对政治体制和选举竞争指数参照EIU民主指数的变动规律进行了修正（详见表5.4）。

表5.3 中印市场制度和政治制度指标对比（2000—2006年）

	国别	政府规模	法律结构与产权保护	货币的稳健性	对外交易的自由	信贷、劳动力和商业管制	政治体制	选举竞争	联邦制指数
2000	中国	3.4	5.0	8.1	7.2	5.0	1	3	0.65
	印度	7.3	6.0	6.9	5.5	5.8	2	7	0.52
2001	中国	3.3	5.1	8.4	7.5	4.7	1	3	0.70
	印度	7.4	5.7	6.9	5.6	5.2	2	7	0.51
2002	中国	4.5	5.2	8.3	7.4	4.4	1	3	0.69
	印度	7.1	6.0	6.9	6.1	5.40	2	7	0.50
2003	中国	4.6	5.3	8.3	7.4	4.6	1	3	0.70
	印度	7.2	6.0	7.0	6.2	5.4	2	7	0.52
2004	中国	5.0	4.9	8.1	7.5	4.3	1	3	0.72
	印度	6.8	6.3	7.0	6.4	5.4	2	7	0.53
2005	中国	5.0	5.8	8.2	7.6	4.8	1	3	0.74
	印度	7.2	6.7	6.8	6.4	5.7	2	7	0.53
2006	中国	5.0	5.9	8.2	7.5	4.8	1	3	0.75
	印度	7.1	6.1	6.7	6.8	6.2	2	7	0.54

资料来源：Economic Freedom of World（2007、2008），《中国统计年鉴》（2008）。Economic Survey（2005—2006），（2007—2008）.

表 5.4　中印制度配合比较修正数据表（2000—2006 年）

中国		2000	2001	2002	2003	2004	2005	2006
x1	话语权和问责制	1.7	2.1	2.3	2.3	2.2	2.2	2.2
x2	政局不稳和暴力	4.3	4.5	4.7	4.3	4.6	4.7	4.8
x3	政府的效率	5.0	4.8	5.0	5.0	5.1	5.0	4.9
x4	管制负担	4.6	4.4	4.3	4.1	3.9	4.2	4.4
x5	法治	4.2	4.1	4.2	4.1	4.3	4.2	4.1
x6	防治腐败	3.9	3.6	3.9	4.0	4.2	4.2	4.3
x7	政府规模	3.4	3.3	4.5	4.6	5	5	5
x8	法律结构与产权保护	5	5.1	5.2	5.3	4.9	5.9	5.8
x9	货币的稳健性	8.1	8.4	8.3	8.3	8.1	8.2	8.2
x10	对外交易的自由	7.2	7.5	7.4	7.4	7.5	7.5	7.6
x11	信贷、劳动力和商业管制	5	4.7	4.4	4.6	4.3	4.8	4.8
x12	政治体制	4.8	4.8	4.9	4.9	5.0	5.0	5.0
x13	选举竞争	3.1	3.1	3.2	3.2	3.2	3.3	3.3
x14	联邦制指数	6.5	7.0	6.9	7.0	7.2	7.4	7.5
印度		2000	2001	2002	2003	2004	2005	2006
x1	话语权和问责制	5.6	5.8	5.8	5.6	5.8	5.7	5.6
x2	政局不稳和暴力	3.7	3.4	3.1	2.5	3.0	3.3	3.7
x3	政府的效率	4.3	4.8	4.9	4.9	4.8	4.8	4.7
x4	管制负担	4.7	4.5	4.2	4.3	4.3	4.5	4.7
x5	法治	5.4	5.2	5.0	5.0	5.0	5.2	5.4
x6	防治腐败	4.7	4.3	4.3	4.2	4.2	4.3	4.3
x7	政府规模	7.3	7.4	7.1	7.2	6.8	7.1	7.2
x8	法律结构与产权保护	6.0	5.7	6.0	6.0	6.3	6.1	6.7
x9	货币的稳健性	6.9	6.9	6.9	7.0	7.0	6.7	6.8
x10	对外交易的自由	5.5	5.6	6.1	6.2	6.4	6.8	6.4
x11	信贷、劳动力和商业管制	5.8	5.2	5.4	5.4	5.4	6.2	5.7
x12	民主化指数	9.6	9.7	9.8	9.8	9.9	9.9	10.0
x13	选举竞争	9.6	9.7	9.8	9.8	9.9	9.9	10.0
x14	联邦制指数	5.2	5.1	5.0	5.2	5.3	5.3	5.4

本书运用 SPSS13.0 软件对两国分别考察，运用主成分分析法，按照特征根大于1的原则，两国符合条件的均有3个公共因子，其方差累计贡献率中国达到 90.15%，即反映了原有信息的 90.15%（见表 5.5）。其中第一因子的解释能力占所有变量总方差的 50.05%，而第二因子解释了方差的 24.08%，第三因子解释了总方差的 16.02%。在印度累计方差贡献率达到 85.04%，第一、第二和第三因子对方差的解释能力分别为 40.7%、35.33% 和 9.01%。①

表 5.5　　因子的特征根、贡献率和累计贡献率

中国				印度			
公共因子	特征根	贡献率	累计贡献率	公共因子	特征根	贡献率	累计贡献率
1	7.01	50.05	50.05	1	5.70	40.70	40.70
2	3.37	24.08	74.13	2	4.95	35.33	76.03
3	2.24	16.02	90.15	3	1.26	9.01	85.04

为使因子能有更好的经济意义对因变量进行解释，故需进一步进行因子旋转，采用方差最大化正交旋转，中国经过五次旋转、印度经过七次旋转后，得到载荷矩阵如表 5.6 所示。从旋转后的因子载荷矩阵可以看出，因子载荷已呈现出 0 和 1 两极分化，几个因子已有了明显的实际意义。

我们发现几个公共因子在中国和印度具有不同的经济含义。在中国，因子 1 可命名为综合因子，因为大多数指标 x2、x6、x7、x8、x10、x12、x13、x14 在该因子上具有较大的载荷，因而该因子反映了中国的政局稳定、市场自由化和联邦体制的综合水平；该因子还反映了中国的政治制度和政府政策；因子 2 可命名为治理因子，由于 x3、x5 和 x9 在该因子上占有较大的载荷，因而该因子反

① 主成分分析法用原始数据本身的相互关系自动生成各因素的权重，使赋权更具有客观性。

映中国政府的管制水平和政府效率；因子 3 可命名为管制因子，由于 x1、x4 和 x11 在该因子上占有较大的载荷，因而该因子反映在中国货币政策的稳健程度和政治自由度，因子 4 可命名为法治因子，反映了中国的法治水平和政府稳定性。

在印度，因子 1 可命名为体制因子，由于 x7、x8、x10、x12、x13 和 x14 五个因子在该因子上具有较大的载荷，因而该因子反映了印度的政局稳定、市场自由化和政治体制的综合水平；因子 2 可命名为治理因子，由于 x1、x2、x3、x4 和 x5 这五个反映制度质量的因子在该因子上占有较大的载荷，因而该因子反映印度的管制水平以及政府运作效率和质量；因子 3 可命名为管制因子，由于 x9 和 x11 在该因子上占有较大的载荷，因而该因子反映在印度民主体制下的政治自由度和法制水平。

表 5.6　旋转后的因子载荷矩阵表（Rotated Component Matrix）

	中　国	因子 1		因子 2		因子 3	
x1	话语权和问责制	0.55		−0.26		0.75	*
x2	政局不稳和暴力	0.78	*	−0.06		0.16	
x3	政府的效率	0.01		0.91	*	0.32	
x4	管制负担	−0.27		−0.33		−0.83	*
x5	法治	−0.12		0.83	*	0.31	
x6	防治腐败	0.79	*	0.58		−0.01	
x7	政府规模	0.82	*	0.38		0.39	
x8	法律结构与产权保护	0.87	*	−0.20		−0.33	
x9	货币的稳健性	−0.11		−0.93	*	0.28	
x10	对外交易的自由	0.78	*	−0.34		0.36	
x11	信贷、劳动力和商业管制	0.00		−0.14		−0.97	*
x12	政治体制	0.87	*	0.39		0.30	
x13	选举竞争	0.97	*	0.15		0.07	
x14	联邦制指数	0.93	*	−0.12		0.22	

续表

印	度	因子 1		因子 2		因子 3	
x1	话语权和问责制	-0.18		-0.76	*	0.01	
x2	政局不稳和暴力	-0.17		0.62	*	0.59	
x3	政府的效率	0.36		-0.87	*	-0.11	
x4	管制负担	-0.06		0.85	*	0.45	
x5	法治	-0.11		0.83	*	0.50	
x6	防治腐败	-0.58		0.70	*	0.21	
x7	政府规模	-0.65	*	0.32		0.26	
x8	法律结构与产权保护	0.85	*	0.41		0.04	
x9	货币的稳健性	-0.20		-0.10		-0.97	*
x10	对外交易的自由	0.87	*	-0.32		0.29	
x11	信贷、劳动力和商业管制	0.29		0.34		0.71	*
x12	政治体制	0.95	*	-0.17		0.17	
x13	选举竞争	0.95	*	-0.17		0.17	
x14	联邦制指数	0.77	*	0.53		0.15	

注：* 指标归属标识。

根据因子载荷矩阵，由回归法估计得出因子得分，以各个因子方差贡献率占三个因子总方差贡献率的比重作为权重进行加权汇总，即

$$F = (\alpha_1 F_1 + \alpha_2 F_2 + \cdots + \alpha_n F_n)/(\alpha_1 + \alpha_2 + \cdots + \alpha_n) \quad (5.2)$$

F 为综合得分，α 为因子的贡献率，n 为因子的个数，F_n 为根据因子的贡献率计算出的每个因子的得分。表 5.7 计算出两国各因子在 2000—2006 年的得分。

表 5.7　　　　因子得分矩阵

年份	公共因子			综合得分
	F_1	F_2	F_3	F
中国				
2000	1.82	-0.70	-0.49	0.62
2001	-0.11	-1.41	0.29	-1.23
2002	-0.95	-0.74	0.11	-1.58
2003	-0.63	0.10	-0.90	-1.44
2004	-0.67	0.91	-1.18	-0.94
2005	-0.36	0.45	1.83	1.93
2006	0.90	1.39	0.35	2.64
印度				
2000	-1.20	1.64	-0.05	0.40
2001	-1.25	-0.50	0.22	-1.53
2002	-0.47	-1.19	0.04	-1.61
2003	0.19	-0.23	-1.28	-1.32
2004	0.92	-0.33	-1.08	-0.49
2005	0.54	-0.50	1.72	1.76
2006	1.27	1.11	0.42	2.79

5.2.3　分析结果说明

根据因子分析的综合得分，我们可以看出两国的得分基本上处于不断增加的状态，特别是2005～2006年较前几年分值有了大幅提高，但是各个因子的贡献程度在两国不同年份是不一样的。2000年，中国的得分为正值，主要是由于综合因子的作用，主要原因是中国面临加入WTO的压力，国际经济的一体化程度不断加深，对外交易更加自由，政治民主化的程度有所深化，中央和地方的财政分权进一步加强。随着经济体制改革的深化，行政管理体制改革和政府职能转变步伐更快，进一步推进了投资、财税、金融体制改革，市场秩序更加规范，市场竞争机制在资源配置中的作用得到更好的发挥，为经济社会发展提供更加有力的体制和机制保证。而2001—2004 年分值为负，特别是2001 年的政策因子和2004 年的管制因子得分较低，其原因主要有以下几点：（1）2001 年下半年以来，中国大部分商品价格继续走低，物价总水平上涨幅度逐月回落，价格上升的动力不足，通货紧缩出现回潮；（2）之前连续四年的积极财政政策形成经济增长对投资尤其是政府投资的过度依赖，政府配置资源的比例越来越高弱化了市场配置资源的能力；（3）与积极的财政政策相反，“稳健”再次成为货币政策的基调。从 2002 年 1 月 1 日起，中国开始按照国际通行做法实行贷款质量五级分类和考核办法，督促商业银行按照谨慎会计原则建立贷款损失准备制度。因而，中国金融企业加快了市场化经营的步伐，中央银行防范和化解金融风险的压力越来越重；（4）在外贸政策方面，尽管中国的出口政策将保持稳定，但由于受世界经济衰退的影响，一方面国外市场商品需求不足，另一方面发达国家利用技术壁垒、环境壁垒、绿色壁垒、反倾销等手段对我国商品出口设限的问题更为突出。2005—2006 年各项因子得分均有所上升，从而总体得分有很大改善，主要原因可以归纳为以下几点：（1）中央政府这些年来连续实施的积极财政政策和稳健货币政策的效应已经释放出来，这些政策措施对于扩大投资、增加消费、鼓励出口、吸引外资和拉动经济增长发挥了十分重要的作用，明显提高了中国经济抗冲击和抗干扰的能力；（2）2004 年 3 月，中国对宪法进行了修正，进一步明确国家对发展非公有制经济的方针，同时，完善对私有财产保护的规定，增加尊重和保障人权的规定；（3）随着中国共产党第十六次代表大会的召开，政治体制得到稳固和加强，反腐力度不断加大，中央和地方的财政分权进一步加深，法治水平有所提高，政局更为稳定。同时，由于对中央各部委的权责进一步明晰，设置更为科学和合理，管制水平有了实质性的降低，政府运作效率得到有效提高；（4）由于对经济生活管制的不断放松，外资和民营可以在更广泛的领域展开经营，对经济增长的推动作用显著；（5）经过改革开放以来20多年的实践，中国中央政府的宏观调控能力和社会管理能力进一步增强，在驾驭复杂经济形势、应对国内外经济波动、缓解经济运行中的矛盾、处理经济社会突发事件、处理中央与地方关系等方面积累了比较丰富的经验。

与中国相比，尽管印度因子分析的综合得分在观测期的五年内总体上也呈增加态势，但是每个因子的贡献程度与中国有很大不同。2000年分值为正的原因为，1998—1999财年印度的改革和开放进入了新阶段。随着瓦杰帕伊联合政府的上台，并坚定地坚持改革，印度的改革开放逐渐反映为整个社会的一种共识，在抵抗住亚洲金融危机的考验之后，印度开始改变其在WTO中的态度，积极寻求与世界经济一体化的途径。另外，瓦杰帕伊政府还制定了新世纪的发展规划，确定了信息软件业为优先发展的支柱产业，并开始积极着手"软"基础设施的改进。2004年开始，随着辛格政府的执政，印度的对外开放形成了不可逆转之势，综合得分的逐年提高主要来自于体制因子得分的提高，具体可以归纳为以下几方面：（1）实行积极的财政政策，注明的"财政负担与预算管理法（*Fiscal Responsibility and Budget management Act*，FRBM）"于2003年生效，巨额政府赤字得以削减，政府运作效率提高；（2）推进税制改革，间接税与直接税的结构趋于合理化，刺激国内消费与海外投资；（3）进一步改革金融部门，解除利率管制；（4）继续加大吸引外资力度，包括：除少数"战略性"部门外废止行业许可、外国直接投资在允许的绝大多数部门的比重升至100%、允许外国机构投资者在股票和债券市场上进行组合投资、卢比在商品账户上完全可兑换、取消进口配额，等等。

我们发现，对两国开放产生影响的不是单个的制度因素，而是各种制度的配合，而且基于不同的聚类效应，同种制度在两国分别与不同的制度配合对开放和增长起作用。例如，反映 x4 和 x11 的管制因子，侧重点不同，前者反映政府治理的质量，后者反映市场化程度，由于两国政治体制有所不同，在开放的过程中分别与不同的制度配合起作用。在中国，由于中央集权，政府治理水平决定了市场化水平，因而政府的管制负担和要素市场、产品市场的管制密切配合；而在印度，由于联邦制国家通过民主途径建立在调和和妥协的基础上，管制的程度往往受制于国家的法治水平和政局等因素。另外，由于在实施进口替代战略时期，各邦都建立了各自的重点企业，为了保护本邦的企业和劳动力免受竞争的损害，倾向于实行市场管制。再如，x2 和 x6 这两个反映政府治理与政局稳定的指标，在中国，它们需要与反映政治制度与市场制度的一系列指标相配合共同起作用，因而也暗含着这两个因素对中国经济发展的重要性，政局不稳在多元化民主体制尚不完善的中国对于易于引发经济波动，冲击现有经济体制，而防止腐败是改善政府效率，减少制度成本的重要手段；而在印度，它们仅代表政府治理的质量和效果，与其他治理指标联动共同起作用。又如，x9 和 x10 这两个反映市场自由化的因子，分别反映货币的稳健性和对外交易的自由。在中国，这两个制度因素分别受制于政策因素和其他综合因素的发展，与政治体制的完善与否关联度不高；而在印度，这两个指标则往往要与政局稳定和政府透明度、管制水平和执法力度紧密配合，反映了自由化受制于制度质量的趋向，但是同时造成了政府规模的庞大，如何解决、找到这些制度因素的平衡是印度增强开放效果的有力保障。

5.3 开放与制度变迁——动态分析

制度对经济增长的影响机制在于造成一种激励，将个人的经济努力变成私人收益率接近社会收益率的活动。经济制度有利于最有效地配置资源，它们决定谁将获得利润、收入和剩余控制权[①]，使社会中的个体有动机投资于物质和人力资本，或采用更有效的技术。然而发展中国家特别是大国往往面临"制度模糊"或"制度缺失"的现实，经济增长的动力不足。

开放的效果受制于各种国内制度的配合，反过来，开放也会对国内的某些制度产生特定的要求，这种要求在量上慢慢地积累，最终推进国内其他方面的制度变迁，从而达到国内的经济制度和开放步调的协调一致。

开放的结果之一是造就了一种制度竞争的氛围，一国一旦决心加入国际经济体系，势必要努力提高自身的竞争力和吸引力，吸引更多的生产要素和技术；而能促进加速创新反应和低成本协调的明晰的制度环境无疑将获利丰厚。

开放的结果之二是使国家政区主体得到了退出选择权，这削弱了政府的权力。地方性的和全国性的制度越来越成为关键的成本因素，投资者将会评估不同区域的投资成本，一般是由劳动、土地和法律性、政治性、行政性体制等不可移动生产要素来决定。它们对资本、技术、知识等可移动生产要素的吸纳程度反映了国家或区位的竞争力，即经济增长的能力。这时，国家在制度上的差异会导致可移动生产要素的盈利可能性，比如贸易自由、迁徙自由和货币兑换自由，以及保证这些自由的元制度程度比较深的国家或区位将获得更多繁荣的可能。反过来，开放也对制度创新形成压力，国家为了增加吸引力不仅会出现被动的制度调整，而且还可能出现预先主动进行的调整，引起正规规则或外在规则的变迁。

在开放环境下，国家利益和利益集团通过制度选择的博弈过程

---

① Acemoglu, Johnson and Robinson (2004), "*Institutions as the Fundamental Cause of Long-Run Growth*", NBER Working Paper 10481.

会影响开放的速度和次序。经济制度（具体层面的经济政策）作为约束个人经济行为的基本规则，必然对每一个利益主体都带来深远的影响。但制度最终均衡的结果却往往不是某一利益主体所能单独决定的，而是多方利益主体相互博弈的均衡结果。从这个意义上讲，开放可以成为寻租活动的有效解药。封闭的政治系统和经济系统一旦开放，制度就必须改变，权势集团会丧失舞台。因为当多数选民即使面对利益集团的抵制仍愿意支持变革时，或者当有组织的集团发现了开放的好处时，政府和公众会认识到“退出”信号的重要性，即使面对压力集团的抵制，也必须提供适宜的制度，以构成有吸引力的区位性要素。因此，开放一方面扩大了制度选择集，另一方面制度选择决定着开放的速度和次序。

5.3.1 利益集团理论及中印利益集团形成的制度基础

根据诺斯的定义，制度是规范社会交往的游戏规则。它们是一些结构，定义了人们相互之间交往的方式。人们进行社会交往的存在表明交往双方中至少有一方会从这些交往中获益，具体而言可以分为以下三类[①]：

第一类是人们通过与其他利益主体之间进行自发自愿的、非强制的自由交易来实现自身财富的增加。

第二类是在一定的基本制度环境或规则下，社会成员通过影响日常的政治活动或公共选择过程，从而形成有利于本利益集团的具体的经济政策，并以国家政府的名义对全体社会成员的经济活动进行强制或非强制性干预。可以归结到这一类追求利益方式的社会行动包括罢工、特殊利益集团的各种寻租活动等。

第三类是人们通过结成一定的利益集团来从事一定的政治活动以选择或改变社会的制度环境或规则，使之有利于本利益集团，而

① 汪立鑫：《经济制度变迁的政治经济学》，复旦大学出版社 2006 年版。

且这种制度环境或规则一旦确立，就有国家强制力量作保障，全体社会成员将被强制要求遵循这些规则。可以归结到这一类追求利益方式的社会行动包括各种政治斗争、投票、战争和革命等。

上述三种追求利益的方式中，某一利益主体最终会选择哪一种取决于各种方式的成本和收益。其中，第二类和第三类追求利益的方式都涉及政治活动和集体行动的过程。

利益集团理论在公共选择理论、制度变迁理论和博弈论等经济学分支里面都占有一席之地。其中，布坎南和塔洛克（Buchanan and Tullock，1962）、奥尔森（Olson，1965）等公共选择学家成功地把经济学的工具和方法大量运用于政府决策的研究，较系统地分析了利益集团的形成及其内部运作情况。新制度经济学派（缪勒、诺斯等）专门研究了利益集团之间的博弈对经济制度变迁的影响，认为制度的演进方向是由社会中处于强势地位的利益集团决定的。而博弈论的发展为利益集团的研究提供了一个强大的分析工具，它指出利益集团的成员在什么条件下会出现合作解。经济学家对利益集团的理解强调了其共同的利益和目标，认为利益集团是一个由拥有某些共同目标并试图影响公共政策的个体构成的组织实体，但不管利益集团之间在规模、资源、力量和政治导向上有何显著区别，有一个共同因素是其成员间存在着某种程度的共享利益，而且，尽管集团经常也能服务于纯粹的个人利益，但他们特有的和主要的功能是增进由个人组成的集团的共同利益。关于利益集团的作用是正还是负，存在以下三种不同的观点：①

第一种观点认为利益集团主要产生负面影响。诺思（North，1981）认为在近代经济史中，利益集团的争斗使货币供给倍增而成为现代世界主要的不稳定力量。奥尔森（Olson，1982）指出，

---

①　冯巨章："利益集团与集体行动，一个文献述评"，《财经科学》，2006年第4期。

像行会、工会以及议会院外游说集团等这样一些利益集团的分利活动必定会限制竞争、阻碍技术进步、扩大社会分歧、提高社会交易成本、损害社会效率、降低经济增长。施蒂格勒（Stigler，1971）认为，利益集团相互竞争的结果通常是政府的规制偏向于使组织良好的利益集团获益，因而，最后的规制结果必然有利于生产者，损害作为弱势集团的消费者的利益。

第二种观点认为利益集团主要产生正面影响。康芒斯（Commons，1934）认为，利益集团是实现公平合理的经济秩序不可或缺的工具，各个利益集团之间的冲突是改革和进步的媒介。本特利（Bentley，1908）认为，集团压力是社会系统最终均衡的唯一决定因素，而且，这种集团均衡一般是公正的、合适的。贝克尔（Becker，1983）进一步指出，与企业间的竞争会增进市场效率一样，利益集团的竞争也会增进政府的工作效率。

第三种观点认为利益集团利大还是弊大要视具体情况而定。利益集团本身是一个中性词，并无好坏之分。基夫（1983）指出："利益集团的主要问题不是它们的存在，而是它们的过分。"因此，如果利益集团很发达，并且各利益集团之间形成了相互制衡的局面，那么，多元的利益集团存在本身就是民主的一种形式，所以并不是什么坏事。而利益集团的力量又受许多因素的影响，不同的情况会导致不同的结果。例如，佩尔兹曼（Peltzman，1976）针对施蒂格勒关于规制必定导致生产者获益、消费者受损的论断，通过扩展施蒂格勒模型，得出的结论是：立法规制依不同的环境可能有利于生产者，也可能有益于消费者。

一般而言，各国政治和经济制度及体制的不同，对国家经济施加影响的利益集团的构成、特征和行为方式也不尽相同，但是利益集团对国家经济决策的作用是任何体制社会都不能回避的问题。奥尔森（1982）指出，利益集团的形成与社会稳定的时间呈正相关。从这个意义上讲，利益集团的存在是任何稳态社会的特征之一。

在中国，随着计划经济体制的建立，社会进入稳定发展期，利益集团逐渐滋生。这些利益集团存在于实权部门、地方政府以及大型企业等组织内部。从新政治经济学的角度来看，经济转轨的实质是在利益集团博弈支配下的制度演进。柳新元（2002）曾指出，改革过程的实质是权力和利益的再调整和再分配的过程，必然产生利益冲突。改革的取向与结果取决于各利益集团的力量，改革过程就是利益集团相互博弈后形成的一种公共选择。由于强势利益集团在政治决策中处于有利地位，拥有较多发言权，因而改革以及制度变迁会朝着他们的意向和目标挺进，而弱势利益集团明显处于不利地位。这样，改革的结果会进一步加剧在强、弱势利益集团间不均衡的利益分配，从而激化双方的矛盾。

在印度，由于其民主体制，多党制的存在和竞争，通过选举过程，利益集团的活动主要表现为西方式的院外游说、施加政治压力等。不少经济学家（如 Heller，2000；Sekhar，2005）认为，和西方发达国家建立在公民自由基础上的民主（有效民主）不同，印度的民主只是程序上的民主。程序民主就是普选、定期的竞争选举、国家机器对民选代表负责以及合法的结社权；而有效民主就是民主在全社会得到实施，不仅国家与公民之间的关系是民主的，公民之间的公共关系也是如此。

两种体制的差异决定了开放后两国利益集团在制度选择和改革开放次序上表现出不同的特征，而这一切又进一步加剧了两国经济增长路径的差异。

5.3.2　中印制度选择与渐进改革开放的动态分析

中印两国都遵循着“渐进”的制度改革和开放路径，但是渐进的原因和方式有所不同。

在改革开放以前，中国共产党及政府并不赞成作为社会主义的中国存在不同的利益集团的提法，直至 1988 年 3 月 15 日中共十三届二中全会的工作报告明确指出："在社会主义制度下，人民内部仍然存在着不同利益集团的矛盾。""利益集团"才得以作为正式的提法进入经济学研究。

在计划经济时代，利益集团存在于实权部门、地方企业以及大型的企业集团内部。随着利益集团成员的人事升迁与调动，利益集团总是能在上层及要害部门找到"代理人"及保护者，由此利益集团更加稳固（Nagy，1991）。利益集团谋求利益的活动内容主要表现为两方面：一是在计划指标上的讨价还价；二是在完成指标时的讨价还价。计划经济向市场经济过渡通常表现为三个阶段："放权让利"改革、价格双轨制改革和所有制改革。

体制改革本身意味着利益的重新分配和安排，即打破旧的利益格局。在渐进式改革的逻辑中，对旧利益格局并不是一次性打破，而是分阶段进行，这就造成每个时点新的利益安排都要面临与旧的利益格局共存。由于渐进式改革的时间跨度大、进程慢，这种混合的格局会存续相当长时间，使新旧两部分利益格局实现"共容"，从而形成一个过渡性利益格局，并造就一些从这种非均衡体系中获利的既得利益集团。中国特有的既得利益集团正是在传统体制和市场化改革初期不规范体制中形成的。传统的计划体制，一方面导致形成一些垄断性行业、官商不分的企业；另一方面，为这些行业中的强势群体维护其既得利益提供了政策性保护和制度性支持，使得这些既得利益者能够凭借既有的制度安排继续获取稳定的利益，并有可能瓜分和占有他人利益，排斥他人参与利益分配。例如，由于中国长期实行计划经济和高度国有化，在主要基础设施和公共服务部门形成了行政性垄断。这种垄断带来的直接后果就是逐渐形成了一个庞大的既得利益集团，如金融、通讯、电力、铁路、民航等，它具有明显的分利性、排他性，并具有强大的政治影响力。

这种既得利益集团将成为制度变迁的严重阻力，将制度变迁拖入长期非均衡的封闭路径中。面对既得利益集团存在的制度格局，新的自发型的制度安排由于缺乏强制手段，往往会选择“妥协”，从而导致新制度效率降低，或者完全被旧制度“同化”，出现所谓“体制复归”。因此，在渐进式改革逻辑下，单纯依靠市场自发力量的推动是缺乏效率的。政府由于具有合法强制力，当新制度安排与旧制度发生抵触时，它可以进行有效的强制性干预，或者利用完备的官僚体系使新制度强制合法，从而覆盖旧制度，改变“锁定”状态。①

Rajan and Zingales（2003）指出，封闭的市场环境是阻碍制度变迁的最主要的原因。开放的要素和消费品市场，以及商品和资本的自由流动，能够有效地约束利益集团的活动。改革并不是结束利益集团，而是遏制妨碍开放的利益集团，壮大支持开放的利益集团的范围和力量。

本书第2章曾指出由于路径依赖，可能导致并不合意、但是稳定的政治经济平衡出现。开放的作用是打破这一平衡，引起能支持社会合意的制度改革的出现（Rajan and Zingales，2003；Bhagwati，2004；Morck et al.，2004）。

开放，一方面使收益群体扩大，意味着国内越来越多的经济资源参与到国际生产分工体系中，国民经济对世界市场的依赖性在提高，利益集团的壮大和改变推进制度的建设及不断完善；另一方面，可以有效地抑制“寻租”行为，由于受全球价格水平的参照，政府无法靠保持高成本来获取租金。国内的寻租集团因而利润迅速收缩，具有寻租实力的集团不断减少，而从外国公司手里获取租金无疑是难度很大的。拥护开放的新型利益集团与既得利益集团的力量对比决定了开放的特点和次序，当前者战胜后者，以新的制度规则的确立为标志，效率制度均衡将会出现。这些新的制度规则主要

---

①　王覃刚：“中国政府主导型制度变迁的逻辑及障碍分析”，《山西财经大学学报》，2005年第3期。

是指规定经济社会发展方向的基础性规则，它们通常表现为宪法或重要法律的修订。在效率制度均衡的形成过程中，国家主要在宪政层面上发挥强制作用，而大部分制度则是各社会集团博弈的均衡结果，而各利益集团的均衡利益意味着社会总收益的最大化。因此，只有在经济、政治和社会领域中培育出成熟的多元公共力量之后，才可能有效启动利益的协调机制，逐渐减少现有利益集团的分利活动和政策干预，从而把利益集团的自利行为纳入社会共同利益的轨道，实现社会各公共力量的利益均衡，最终提高制度的绩效和整体的利益协调水平。

一旦一国因其初始条件启动了渐进式制度变迁路径，政府的作用就不可忽视。当自发的市场力量导致利益目标分散时，政府能有效地聚合各种价值取向，平衡利益冲突，进而减少改革成本，使市场化进程顺利推进。

计划经济和管制体系使开放前的印度形成了如下几个大的利益集团：公共部门、私人工业资本家、大农场主和官僚阶层（Bardhan，1984；Sekhar，2005），上述阶层在民主体制下的冲突构成了印度制度选择和政策制定的主基调。Sekhar（2005）将主要冲突分为两个方面：第一是类似于工农业的“剪刀差”问题，国家为加快积累工业化资金，人为地压低农产品收购价格，使得部分农民收入在工农业产品交换过程中转入政府支持发展的工业部门，农产品出口由于汇率高估被抑制，同时造就了一部分农业游说集团；第二是私人资本家和官僚阶层之间的冲突，由于许可证和各种管制的存在，官僚机构行使管制的权力被制度化，部分企业通过寻租行为来增强实力。

利益集团之间的冲突在印度式的民主体制下转化为支配阶层之间的冲突。本书第 3 章讨论过印度的民主体制的建立来源于英国两个世纪的影响和精英领导集团的自由价值观。民主提供了一种有法律保障的讨价还价机制，各个利益集团的力量相抵是形成自治国家的前提。然而利益集团力量发展的不平衡是印度社会的特色，民主因而转变成一种利于调和的程式性工具（Bardhan，1984）。政党与利益集团之间反映为明确的提供政策与提供竞选资金的关系。弱势利益集团因而总是被排挤在政策之外。对竞选者能力的评定因而也只根据其获取竞选资金的能力而不是在公共服务中的政绩。同时，由于强弱势利益集团实力的悬殊，使强势利益集团很容易通过动员群众来反对政府政策。

政府作用的弱化使印度的制度变迁往往偏离良性的轨迹。政府运作由于缺少透明度和问责机制，很容易被关键集团所左右，制度的运行因而带有很大的随意性，不仅导致了大量的交易成本，而且带来了很大的政治和经济不确定性（Kelegama and Parikh，2003）。

开放后，由于先后经历少数政府（拉奥政府）和联合政府（瓦杰帕伊政府）执政，如何达成“技术性的共识”、推动结构改革成为各届政府关注的焦点（Toye，1999）。政府诱致型的制度变迁往往大打折扣。印度的开放和结构调整进程既不是“大爆炸”式的速度和秘密行动，也与通常意义上的建立在缓慢达成共识上的“渐进主义”有所区别，很大程度上是缓慢和秘密行动的结合（Toye，1999）。1991 年的改革正是建立在“秘密行动”的基础上，机会提供了行动的可能。但由于政治体制的透明型，政府仅仅通过能制造政策上的战术的不透明来抵抗反对的声音，因而，对印度来讲，政策的执行是最大的问题。另外，由于没有参照可循，政府很大程度表现为“政策制定者”的概念，而由于政权的频繁更迭，政策的稳定性受到很大影响，这一切影响了制度变迁促进经济增长的效果，也成为加大两国经济增长路径差异的原因。

第6章

中印开放的制度环境比较

上一章定量分析探讨了两国开放与制度环境的关系，但是由于相关制度指标范围比较广，尽可能包含与开放有关的制度指标，因而并未区分贸易、金融、投资需要不同的制度配合，本章进一步分析这个问题。

在开放条件下，各国面对的是经济全球化的外部经济环境，一方面是商品、资本、技术等共同生产要素的自由流动，引起各国要素差异的减少，国与国之间面对的是同一性的“硬件”；另一方面，各国监督、管理、调控这些自由生产要素的制度“软件”却各不相同。发展中国家的贫困逐渐转化为制度性的“贫困”，主要表现在以下方面：①

一是制度缺失。这表现为发展中国家不具备很多现代市场经济的制度性条件。首先表现为保障经济运行的法律体系的缺失，加大市场风险，增加交易成本。另外，缺乏完善的经济制度，包括完善的产品市场和要素市场体系、相对独立运转灵活的货币银行体系、健全的国家法制和市场规则、有力的宏观调控手段与经验、具有创新思维能力的企业家和技术家、完善的社会保障制度等。

---

① 第一方面和第三方面参见黄景贵：《发展经济学——制度变革与经济增长》，中国财政经济出版社2003年版。

二是制度配合失衡。主要表现为制度发展相对经济发展的落后。各种制度变迁的速度和强度不同，造成制度配合的失衡，一方面旧制度尚未肃清，另一方面新制度急于出现。另外，发展中国家在战后大多实行计划经济体制，这影响了价格、供求和竞争机制的健康发展，造成部门发展的不均衡、区域间政策的不协调和区域发展的不平衡，计划经济的制度表现为僵化和顽固，制度变迁变得更为困难。

三是制度均衡陷阱。由于发展中国家面临制度缺失，制度供给不足，制度变迁没有促进规模收益的普遍发生，反而进一步强化了原有制度失衡的状态，使制度在低水平状态下保持均衡。

基于上述制度环境和特征，制度改革似乎是每个发展中国家在开放条件下共同面临的主题。然而，就中国和印度而言，尽管在开放前夕经济比较相似，但是由于本书第 3 章所描述的初始制度条件和制度变迁的路径依赖不同，两国开放的制度环境除具有上述发展中国家的共同的制度性问题外，还具有各自的特有特征。以贸易开放为例，中国开放的制度环境和变迁深深地刻上了转型的烙印，贸易改革体现为国家经济改革的一部分，反映出为改革开放保驾护航的特征；而印度由于其特有的自力更生、僵化的、调和的以及要求共识的制度环境和变迁模式，制约了其在 WTO 框架下开放的速度和程度。但是，如果找到恰当的制度配合点，在既有开放的制度框架下寻求制度变迁的可能将会成为印度经济增长的动力。

6.1 中印贸易开放的制度环境比较

尽管受亚洲“四小龙”的崛起和第三次全球化浪潮的影响，发展中国家开始普遍调整发展战略，由进口替代型向出口导向型经济转变。但笔者认为，中印两国贸易制度的改革更多地反映了一种内生的需求。我们在研究中发现，与通常所公认的始于1991年的改革不同，印度的贸易改革在20世纪80年代初期就已经起步，这为我们的研究提供了一定的便利性，为两国比较提供了更合理的基础。对比附录A和附录B两国的贸易改革进程，我们进一步发现，两国的改革路径也基本上相仿，都是先从限制进口开始，进一步过渡到鼓励出口的体制（详见附录A和附录B）。

6.1.1 中印贸易开放的进程比较

中国1979年开始全面改革经济体制，实行对外开放政策，是长期计划经济、中央高度集权体制下各种矛盾激化的结果。外贸体制改革作为整个经济体制改革的一部分，承担着保证宏观经济运行目标实现的压力。这意味着，在改革较早的阶段，外贸政策更多地发挥其作为政策目标实现和经济体制转型的辅助手段功能，而不是以外贸企业的盈利和完善产业结构为目标。

1973年的石油危机使严重依赖石油进口的印度经济遭到沉重打击，在贸易保护的羽翼下成长起来的印度企业没有能力降低成本，导致贸易逆差不断扩大。迫使政府调整经济发展战略，把进口替代外贸政策调整为进口替代与出口促进相结合。与中国不同，印度的改革主要致力于提高经济效益的努力和出口创汇、增加资本积累的目标，因而只是单纯承担从贸易管制到贸易自由化转变的功能。

从20世纪80年代后半期到20世纪90年代初，即中国从下放外贸经营权到实行全面承包责任制的阶段，中国的经济体制改革进程日益深化，增强企业活力成为经济体制改革的中心环节。从1987年开始，外经贸部对直属条线实行按“条条”进行的外贸承包责任制，1988年国务院下达了《关于外贸体制改革若干问题的规定》，开始实行以地方承包为主体的“块块”承包责任制。1991年建立外贸企业自负盈亏的机制，以提高出口商品质量和经济效益为中心，扩大进口，调整进出口商品结构，改变外贸企业微观运行机制，推行工贸、技贸或农贸结合，持续、稳定、协调地发展对外贸易。

而印度受1991年支付危机的影响，接受国际货币基金组织（IMF）的自由化条款，全面走向开放。但是依然以放松管制为出发点，1992年3月印度商业部颁布了“1992—1997五年贸易政策”，基本上废止了对进出口的许可证管理，限制贸易和禁止贸易的商品基本取消，大多数商品都可以不必经过政府许可自由进口（Panagariya，2004）。

两国20世纪90年代初的贸易改革同时都伴随汇率改革的目标。从1994年1月1日起，中国开始了以外汇体制改革为核心的综合配套的新一轮外贸体制改革。人民币运行的“双轨制”得以取消，建立有管理的浮动汇率制度。改革外汇管理制度，以银行结汇、售汇制取代外汇留成制，实行人民币经常项目下的有条件可兑换。建立外汇指定银行的外汇交易市场，改进汇率形成机制。

印度的外贸体制改革也伴随着汇率管制的放松，1991年，政府宣布官方货币卢比贬值22%，1992年引入了汇率双轨制，要求出口商把外汇收入的40%按照官方价格卖给政府，其余60%可以在市场上自由交易。在这样的市场汇率制度确定之后，把官方汇率和市场汇率并轨。1994年，印度接受了IMF章程第八款，实现了卢比经常项目下可自由兑换。在此期间，汇率变动保持了灵活性，并通过贬值增强了竞争力。

20世纪90年代中期以来，两国的贸易自由化主要围绕着世界贸易组织（WTO）展开。中国开始了入世谈判的关键时期，不断作出关税减让和减少非关税壁垒的承诺。2006年年底，平均关税水平下降到9.9%。而印度80年代中期最高关税一度高达355%，并一度在WTO中充当贸易保护捍卫者的角色。20世纪90年代后半期，随着开放在国内不断达成共识，成为不可逆转之势，印度在WTO中的态度发生明显转变，1998年，印度政府把340种商品从限制进口名单转移到开放进口许可证名单，同时还简化了进出口手续。从2001年起取消了所有商品的进口配额，对进口实行关税化管理。同时积极履行削减关税的承诺，到1993—1994年，最高关税降到85%，1995—1996年下降到50%，2000—2004年进一步下降到25%。

6.1.2 中印贸易开放的效果分析

通过从制度角度对上述两国开放进程的比较，我们可以发现两点规律，首先，正如上文提到的，长期的混合经济留给印度的是以大范围许可证为手段的僵化的管制体制，而且印度不存在制度转轨的问题，因而贸易改革主要表现为管制的放松；而中国的外贸体制改革作为整个经济体制改革的一部分，承担着为经济体制改革保驾护航的重任，因而制度的演变过程主要围绕体制的完善展开（参见佟家栋，1998）。其次，中国的外贸体制改革采取渐进的步骤，每一阶段都存在规则的例外，而且这种例外表现为良性例外，如在限定税率的情况下同时针对特定对象制定税收的减免、退还等政策，以及在特别经济区的例外；而印度受客观条件的影响，在大规模开放的前提下制定限制性商品名单，如全面取消进口许可证的同时保留对消费品的例外，总体上表现为恶性例外，影响了开放的水平。另外，由于印度早已是WTO成员国，尽管近年来印度不断寻求与WTO的合作，但是与中国面临的入世压力相比，不可同日而语。表6.1总结了两国在WTO框架下的关税减让承诺和履行情况，尽管印度实际关税水平比照承诺水平有大幅度下降，但是仍然普遍高于中国的水平。2005年非农产品平均关税为18.3%，低于同期中国的9.1%。而农产品关税印度高达37.6%，而中国只有15.9%。另外，印度的关税覆盖率也低于中国。

表 6.1 中国和印度的关税减让承诺和履行情况

	中国		印度	
	最后一轮谈判	2005 年实际水平	最后一轮谈判	2005 年实际水平
关税覆盖率（%，2010）	100		73.8	
从价税简单平均				
所有商品	10.0	10.0	49.8	18.3
农产品	15.8	15.9	114.5	37.6
非农产品	9.1	9.1	34.3	15.4
非从价税（占总关税细目的%）	0.0	0.4	7.2	0

资料来源：WTO online database。

中国的贸易改革反映了一种市场化的导向，不断冲击中国经济的顽疾——国有企业。印度的改革并没有伤及体制顽疾，很多僵化的制度，如劳动力市场管制依然强大。

柯武钢和史漫飞（2000）指出，开放使国家政区主体得到了退出选择权，这削弱了政府的权力。地方性的和全国性的制度越来越成为关键的成本因素，投资者将会评估不同区域的投资成本。这些投资成本一般是由劳动、土地和法律性、政治性、行政性体制等不可移动生产要素来决定。它们对资本、技术、知识等可移动生产要素的吸纳程度反映了国家或区位的竞争力，即经济增长的能力。这时，国家在制度上的差异会导致可移动生产要素的盈利可能性，比如贸易自由、迁徙自由和货币兑换自由，以及保证这些自由的元制度程度比较深的国家或区位将获得更多繁荣的可能。

贸易开放的效果还会受制于国内的劳动力市场制度，在像中国和印度这样劳动力要素丰裕的国家，以非熟练劳动为主体的顺比较优势出口部门将具有更大的获利空间，中国正是靠制造业的出口带来贸易和经济的卓越表现。而印度的制造业劳动力市场由于受

《劳资争议法》的保护，造就了一大批劳动贵族，不仅生产效率低下，而且阻碍了其他工人进入制造业部门，更无法吸收农村剩余劳动力。图 6.2 显示世界制造业工人工资的对比，在选择的国家中，中国处于最低的水平。图 6.3 反映了中国和印度制造业的就业刚性指数。制造业发展的缓慢无疑遏制了印度商品出口的增长，无法达到与中国一样的贸易增长速度。

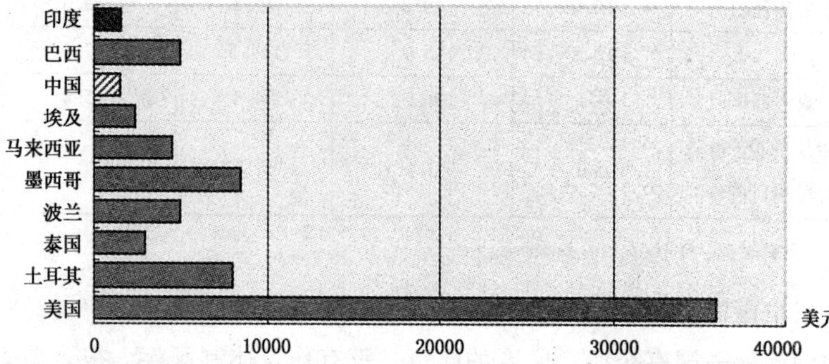

图 6.2　全球视野中的中印制造业工人工资水平

资料来源：Dun & Bradstreet。

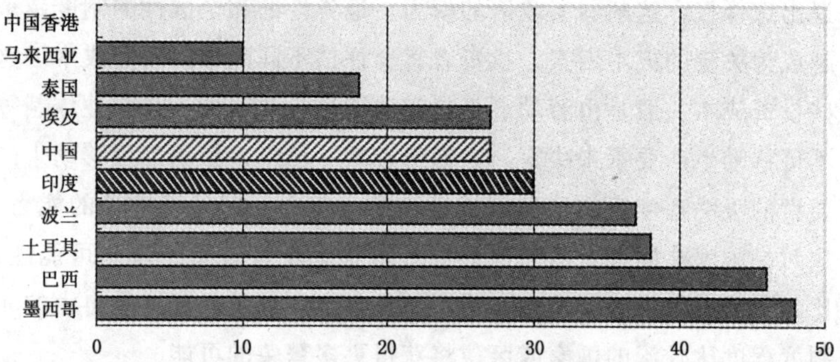

图 6.3　全球视野中的中印就业刚性指数

资料来源：Doing Bussiness 2008. The World Bank.

6.2　中印投资环境与制度环境比较

外资在本书是作为贸易开放和金融开放中，资本流动自由化的一个部分，在理论框架中并未单独列出。事实上，本书在对开放与增长的联系机制中也阐明外资政策可作为贸易开放与金融开放的一部分，因为一方面金融开放程度较高的国家也更易于吸引外资，推动技术扩散和良好的管理实践，这种溢出效应能够提高生产率，从而推动经济增长；另一方面，外资流入在带来资金和先进的技术、管理经验的同时，也在投资国和东道国之间创造出新的贸易机会，从而使得两国之间的贸易在更大的规模进行，扩大了国际贸易的规模总量。[①]

本书认为，外资是对制度环境最为敏感的一种开放形式。外资以跨国公司为载体，涉及企业的微观运行，因而不仅需要宏观制度环境的契合，更需要微观环境的制度基础。从这种意义上说，通常所讲的“投资环境”（*Investment Climate*）不仅包括制度环境，也包括要素、政策、市场甚至偏好等更广泛、更具体的环境要件。而且，制度环境构成了投资环境最基础的要件，决定着外资流入的速度、规模和产业流向。

外资需要或是整体或是局部的制度环境和其他环境要件的配合，首先表现为制度和政策两个层次：一是配套的国内制度环境，如私有（民营）化、管制放松、手续便利化、国民待遇、知识产权保护立法等常见的能够促进 FDI 流入的制度。随着国际社会普遍认识到 FDI 流入的重要性和引资基本机制，在国内构建这些制度成

① 中国的数字表明外资企业生产的产品多是用于出口。2004 年，中国外资企业出口额占总出口额的 57.1%，比 1991 年的 16.7% 增长了 3 倍（Whalley and Xin，2006）。

为世界各国引资政策的趋势性选择。二是优惠政策，类似于“超国民待遇”，如财税、金融、土地及其他优惠政策。由于全球出资者的资本总量一定，在全球所有经济体都认识到吸引外资的重要性的背景下，国与国之间，甚至一个国家内各地区之间，也将会从优惠政策上对吸引外资进行竞争，尽管这可能会损害东道国（地）的长远利益和全球的整体福利。由于制度改革较政策改革奏效更慢，一种普遍的优惠政策方式是建立特别经济区，一方面提供区外享受不到的规避“不适当”制度的政策；另一方面，努力在区内营造“适当”的制度，如立法和消除管制。

6.2.1 中印投资环境的数据对比

在第5章的计量分析中，我们从静态分析的角度出发，得出了不同制度配合对两国的开放有不同的影响。然而，正如该节指出的，制度更多地用于解释经济增长的长期或根本原因。如果我们把分析的时期放大到一个更长的历史阶段，印度一些传统的优良制度似乎不能解释其开放无法带来比中国更好的对经济增长效果的刺激作用。不少学者也提出了如下疑问：和其他的发展中国家不一样，印度并不缺乏良好的制度，印度是目前世界上最大的民主体制国家，民主的“年龄”达到60年，印度有历史悠久的私营企业，有比较好的法律体系和金融体制，也就是发展市场经济的良好的制度基础，似乎这些良好的制度应该成为高速增长的信号。然而，事实却远非如此，究竟原因何在？笔者进一步思考的是，60年前这样的体制就开始建立，为什么今天才显现作用？而且为什么不能比不具备这些制度基础的中国获得更高的经济增长率？开放后的自由化的政策可以从某些方面支持这样的证据，但是似乎只能回答前一个问题，无法解释为什么印度开放后，经济增长率不及中国。

笔者认为，造成开放对印度经济特别是制造业影响不及中国大的根本原因是各种制度配合的失灵。本书的第3章指出，长期的混合经济和民主体制造成制度变迁的路径依赖，无效率的磋商机制和僵化的审批制度在开放后难以消除。严格地说，印度的开放不存在重大的制度漏洞，因为在改革前的讨价还价中被消化了；但是就特定阶段的发展来讲，灵活的制度具有无法比拟的优势。本节从投资角度对比说明两国制度环境对开放效果的影响。

Balasubramanyam and Mahambare（2003）指出，印度对外资的排斥由来已久，1973 年的《外汇管理法》在实际应用上意味着对外资的关门政策，致使外资在 20 年后才重新流回印度。如附录 A 和附录 C 所示，尽管印度在 1991 年以后对外资采取了更自由的政策，但是正如前文分析的，印度的政策往往存在“恶性”例外，即在规定自由化条款的同时附加很多例外条款。

诺斯指出，制度分为正式、非正式制度和制度的执行。本书认为，印度在对外资开放上设置了三重防护体系。上述例外条款构成了正式制度方面的防护体系。正式制度方面的防护体系还包括《外汇管理法》遗留下来的要求技术输入的传统，对外资的技术投入加以限制（见图 6.4 斜条区域）。印度在 1980 年以前的外资流入基本是上以技术流入为主，20 世纪 90 年代开放后，资本流入大量增加，1990—1995 年已经与技术流入持平。

在非正式制度和制度的执行方面，无效率的磋商机制和僵化的审批制度抑制了外国投资者的热情。图 6.5 至图 6.9 根据世界银行的“Doing Bussiness 2008”总结了印度在产权注册、新企业开立、合约生效、破产时间和破产企业复苏五个方面的审批效率情况，并与中国和世界其他一些国家进行了简要对比。

数据显示，印度在合约生效上均属于世界上最拖沓的国家之一，产权注册和新企业开立在发展中国家也处于中下水平，比处于中等水平的中国还要慢一倍。与新加坡、新西兰、中国香港等国家或地区分属于两个极端。印度审批体制的无效率还反映在对破产企业的审批时间上，经常达到 10 年，因而破产企业的复苏率仅为

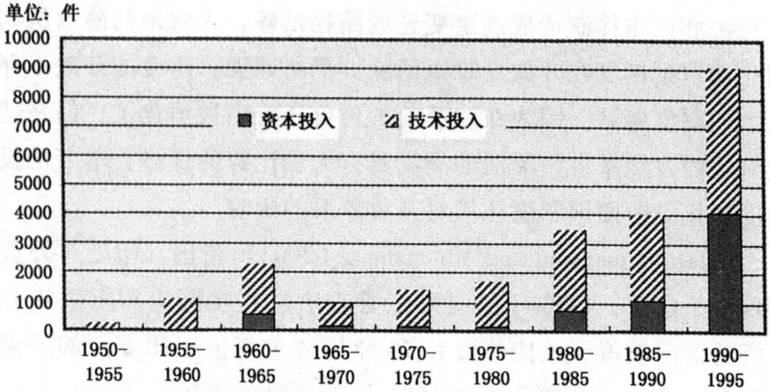

图 6.4 印度外国资本和技术投入审批件数的变化

资料来源：高藤史絵（2004），《インド経済政策の推移》。

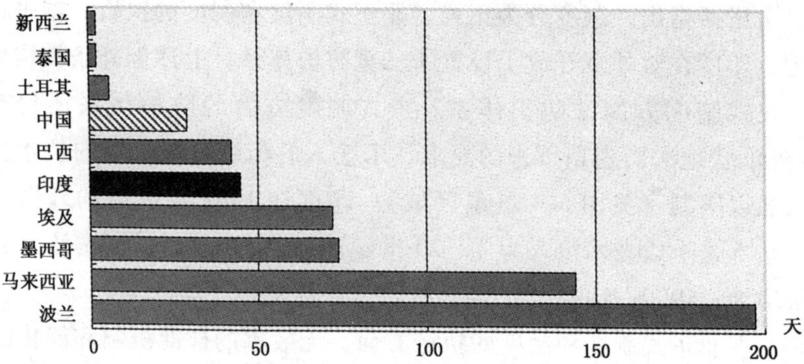

图 6.5 全球视野中的中印产权注册时间

10.4%，处于世界最差的水平。而中国则相对有效率得多，平均1.7年，复苏率达到35.3%。与复苏率最高的国家日本的92.5%水平相距甚远。上述投资环境差异其实表现为开办企业方面的制度环境差异。

6.2.2 中印投资环境的制度分析

Scott（1995）认为，制度由三大支柱组成，包括规章（*Regu-*

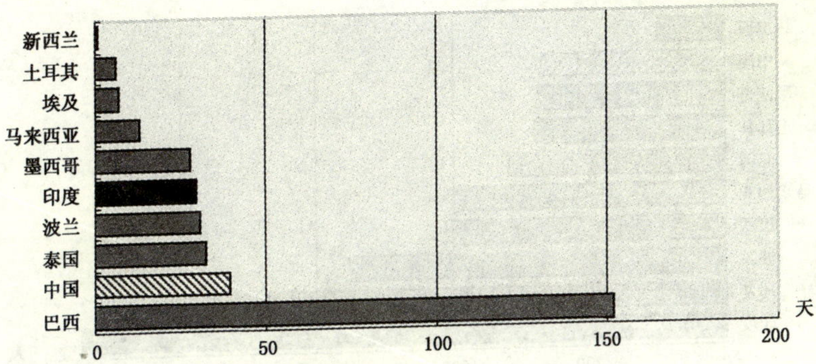

图 6.6　全球视野中的中印新企业开立时间

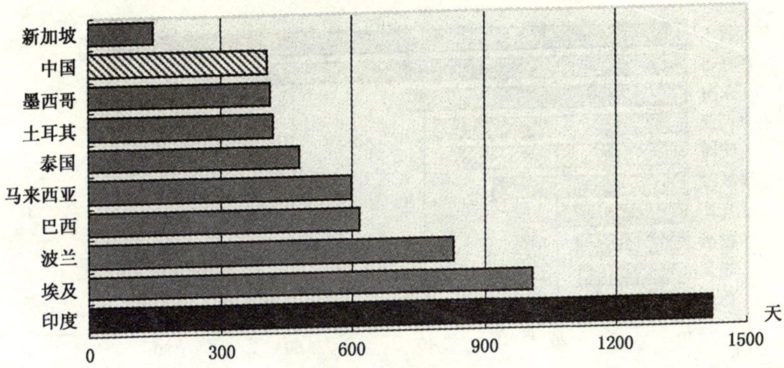

图 6.7　全球视野中的中印合约生效时间

latory）、规范（*Normative*）和认知（*Cognitive*）。规章指的是那些确保社会稳定和有秩序的规则和法律；规范指的是那些支配人们行为的价值观和规范；认知指的是那些构成现实特性和意义形成框架的认知规则。在此基础上，Kostova（1999）认为，国家之间的制度差异是由规章距离、规范距离和认知距离构成的。制度距离指的是两个国家在规章制度、规范制度和认知制度三个方面相似或不相似的程度。Kostova（1999）指出，由于组织实践形成于一定的制度环境，成功地从母公司向子公司转移这些实践将依赖于母国与东道国之间的制度距离，较大的制度距离将会对这种转移形成障碍。

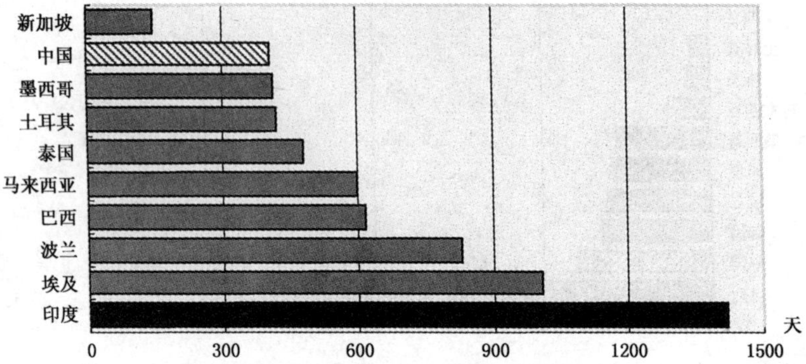

图 6.8 全球视野中的中印企业破产时间

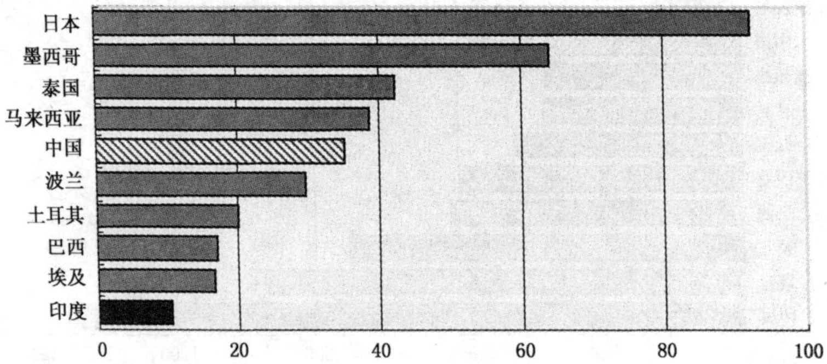

图 6.9 全球视野中的中印破产企业复苏率

Kumar and Worm（2004）利用 Scott 构筑的制度空间比较了中国和印度的制度环境和磋商机制（见表 6.2）。其中，规章制度维度包括管理社会商业活动的规章和法律，通常包括四个相互联系的问题：（1）规章和法律是否有益于商业活动；（2）现存的规章和法律是否得到有效和快速地执行；（3）法律是否弹性足够大，以适应瞬息万变的商业环境；（4）也是最重要的，是否存在公正的司法，可以快速有效地裁定企业股东之间以及企业股东与官僚机构的争端。规范制度维度强调特定社会的占主流的社会价值和信仰。认知制度维度方面，价值和信仰决定个人感知周围世界的方式，组

表 6.2　　　　中国和印度制度环境的维度比较

维度	印　度	中　国
规章		
官僚障碍	高	高，但是由于中央政府和地方政府之间的可以随环境而变的适应性体系，可以驾驭
鼓励外资	推出一定的鼓励外资的政策，但是经常出现意图与执行的裂口	对吸引外资不只停留在具有修辞色彩的承诺，同时设计具体的吸引外资的政策措施
规范		
思维方式	分析性的	全盘性的
行为模式	个人主义和集体主义相结合	集体主义
公平认知	注重分配公平	同时注重分配公平和程序公平
认知		
对商业活动的态度	历史性的不欢迎	在意识上是欢迎的，虽然并不总是能转化为对商人的积极态度。
对外资的态度	由于殖民地遗留下来的阴影不欢迎	传统上比较矛盾，但现在对外资的恐惧表现不多

资料来源：Kumar, Rajesh and Verner Worm (2004), "*Institutional Dynamics and the Negotiation Process: Comparing India and China*", International Journal of Conflict Management Vol. 15, No. 3, 304 - 334.

织和跨文化学者现在开始研究价值和信仰对不同文化背景下的个人如何感知社会所产生的普遍深入的影响（Hofstede, 2001）。然而，文化价值也不是一成不变的，文化间的相互交融正是提供文化对经济活动影响的证据。组织学学者注意到对公正的感知对于塑造个人之间的关系以及个人与组织之间的满意度是非常关键的（Tyler, 1994）。理论上将公平划分为两种，即分配公平和程序公平，前者强调结果的公平，而后者更注重过程的公平。Kumar（1997）认为，不能达到分配和程序的公平可能引起冲突，并经常预示着对协商的抵制态度。

中国和印度在上述三个制度维度上差别很大，我们分别从三个方面分析。

第一，规章制度维度。由于历史的原因，印度的规章环境并不益于促进商业活动（Das，2001）。印度的本土公司和外国投资者面对数目众多的影响经济活动步调的限制，尽管1991年自由化以后限制被大量解除，对商业友好的环境在建立，但是部分学者认为改革速度依然很慢，走过“教徒式的增长”阶段，却迎来冰河时代的龟兔赛跑（Ferguson，2002），印度的改革速度无法适应全球化的需要。政府不能有效实行政策变迁加重了这种状况。Rufin 等（2003）指出，政策执行是印度政治和官僚文化的主要问题，出于烫平新政策的褶皱或探讨新政策意义的目的，执行要不是很慢，就是前后不一致，或者停止不前。同时，官僚的明争暗斗也成了印度的普遍现象，放慢了及时、有意义的政策制定和实施（Saez，1998）。另外，尽管印度有一个机制化的司法体系，但是它的效率和有效性经常引起学者的怀疑，Ferguson（2002）注意到印度通过立法允许外资法律公司在印建立办事处，但是6年过去了，仍没有迹象显示这个规章何时适用。

中国于1979年改革开放后，以重振经济雄风为目标，经济改革过程不断出台具体措施将承诺变为现实，当局更乐于以一种有弹性的方式处理外资事宜。上述的经济特区，对外资企业进口技术、机器和高附加值的零配件采取免税政策等即反映了一种灵活的处理方式。同时，尽管中国的国内法律体制落后，但对外资的立法却从未受到忽略。早在吸引外资发展的最初阶段，即1986—1993年，就建立了一系列利用外资的法规体系，包括《关于鼓励外商投资的规定》、《中华人民共和国外资企业法》、《指导吸收外商投资方向暂行规定》、《中华人民共和国中外合作经营企业法》、《中华人民共和国外商投资企业和外国企业所得税法》等。这些立法为其后外资的大规模流入提供了制度基础。然而，这些法律在实行的过程中还是遇到很多问题，首先，尽管法律是中央层面制定的，执行的权力却由地方政府承担，另外，地方政府也可能制定出一些与中央矛盾的法规。Blackman（2001）指出，外国风险投资者在中国的不同城市可能会发现不同的风险投资规则和解释内容，这样通常会增加风险投资者对未来预期的不确定性，减少在中国市场的投资行为。此外，中国没有独立的司法体系，行政和司法权力集中在中央和各级省直部门，官僚机构在制定和解释法律、规章和规则时具有“内在权力”（Blackman，2001），因而潜在的道德风险隐含在缺少独立司法的体系中，与官僚建立良好关系的能力在商业活动中屡屡体现。

第二，规范制度维度。很多学者发现印度人的思维方式总体上趋向于分析型（即逻辑型的思维方式，寻求将思维对象同所处的环境割裂开来，按正式的逻辑就事论事），而不是全盘型的（即实验型的思维方式，寻求达到各个方面的协调）。分析型思维模式意味着管理原则是寻求达到一种最可能的、而不是最容易达到的解决方法（Kumar，2004）。这意味着政策和制度的制定与实施将充斥着永无休止的争论，使问题的解决带有说教式的导向，因而政策决定无法进行必要的试验，尽管后者可能是学习的前奏。在行为模式上，Sinha 等（2002）指出，印度人在家庭成员之间表现为集体主义，而对成员之外表现为个人主义。个人之间的信任更多建立在认知而不是情感的基础上，因而是易碎的，而不像其他集体主义一样有弹性。Saha（1992）认为，印度式的行为模式更关注过去而不是面对现在和未来，因而消极地对待外部环境。个人主义倾向同时又与公平认知紧密相连，现任总理 Singh（1962，1984）发现，在个人主义社会，分配公平具有优先重要性，而在集体主义社会，运作形式的公平更为重要。

Nisbett（2001）认为，中国人的思维方式是全盘性的，而不是分析性的，这种假设多重因果关系的方式接受含糊的描述，具有天然的实用性。这意味着没有决定是最终的决定，一个决定往往产生复合性的结果，因而易于出现政策的反复无常以及政策制定与执行之间的断裂。在行为模式上，集体主义反映为家庭内部的等级观念和与成员外的关系网。在公平认知方面，更趋向于分配和程序的双重公平。另外，对组内成员和组外成员适用的公平原则不一样，在组内更多地体现平等原则，而与组外成员则运用公平原则。

第三，认知制度维度。在印度，对外资的消极态度源于对殖民地历史的厌恶。随着 1991 年印度的全球化、技术变迁和经济改革，这种态度有所改观，但是依然存在，民主体制下的新闻自由经常容许对外资和政府之间的冲突添油加醋。Majumder（2002）指出，“仇外”情绪框定印度的外资政策制定。因而尽管对外资的正式壁垒不断减少，政府依然只能采取很小甚至矛盾的步骤来向外资开放。另外，政府的外资政策改革经常遭受工人和国内企业的抵制。

在中国，Kumar（2000）认为，中国的“儒家文化”关注今生而不是来世，因而强调社会和政治秩序以提高人们的福利。而社会主义体制的建立并未根除这种处世的基本假设，1979 年改革的目的也是为了顺应变化的经济环境，构筑更好的社会和经济秩序。尽管由于恐惧被剥削，中国尚不能完全克服对外资的矛盾心理，但是较开放的早期阶段已经释放了很多，原来关起门的产业也不断以开放的面目呈现在全球化的环境中。

经验证据表明，在特定的发展阶段，有弹性的政策和制度确实有无可比拟的优越性。制度环境和优惠政策作为投资环境的重要要件，决定着发展中国家的外资流入水平。例如，就上述提到的经济特区而言，由于上述正式和非正式制度环境的差异，两国经济特区建立和运作的速度与规模相差甚远。中国在 1979 年对 FDI 敞开大门后，为了超越“国际制度断层”，清除高流动成本的障碍，建立了自由贸易区或自由工业区和有政府参股的合资企业，旨在弥补制度不足，减少信息成本和服从成本。印度的正式制度的创新和制度选择过程反映为“选票文化”，取决于拥护开放的有组织的利益集团和从事寻租活动的院外集团的力量对比，另外，受种族宗教等非正式制度的影响，社会冲突的解决机制甚至可能表现为暴力，加大了印度制度变迁的难度①。在制度的执行上出现上述拖沓、僵化的现象，使外资难以冲破这些制度障碍与有利的生产要素相结合。

进一步分析显示，印度并非没有相关政策或制度带来好的经济效果的先例。印度软件业的迅猛发展，一开始就与出口加工区（EPZs）紧密相连。1988 年，印度制定一个软件技术园规划；1990—1991 年间，供应软件出口业的中间资本商品进口配额被取消；1990 年，第一批三个专门用于软件开发的技术园区分别在班加罗尔、浦那、布巴内斯瓦尔设立；1991 年又有四个软件技术园区建立；到 2003 年时，总共有 39 个软件园区在印度建立，共有 7000 个左右的生产单位在园区内注册。政府向园区陆续提供的优惠政策包括：一站式手续窗口、允许 100% 外国股权、5 年免增值税、投入中来自进口的部分免关税、允许软件开发转包等。20 世纪 80 年代末，Texas Instruments（TI）和 Hewlett Packard（HP）分别在班加罗尔设立全资分支机构。发展到现在，世界上许多著名的信息业公司，如微软、英特尔、苹果、IBM 等都在印度设有研发中心和生产基地，一些公司甚至已经将其在全球一半以上的软件研究和开发项目转移到印度进行，使印度班加罗尔地区得以形成软件业产业集群并不断扩散推进，带动和促进了印度马德拉斯、海得拉巴等南部城市也形成软件产业集群，并由此构成印度软件产业集群三角带。

为什么有弹性的政策和制度可以超越上述制度障碍在软件行业

---

① 2007 年初由于难以解决征地冲突，叫停长达两年的仿效中国建立经济特区的努力便是最好的例证。

展开？我们先来看看影响软件业发展的几个基本制度要件：高技术含量、健全的法制和金融制度、良好而悠久的教育制度①，本书下一部分的分析中将会具体阐述。这里要说明的是恰恰这些制度在印度比较健全，制度配合相对完善，加上国家产业发展目标带来的优惠政策，使得软件行业的外资能在这些制度的配合下与印度低成本的、讲英语的熟练劳动力群体等要素禀赋相结合，并且印度与欧洲和北美在时差上的互补优势（印度全天 24 小时都存在与欧洲和美洲发生商务联络的可能性），以及来自本土发展迅速的软件企业创造的竞争环境，使高质量的外资流入软件部门，推动了“软件大国”的崛起。

6.3 中印服务贸易和金融开放的制度环境比较

中印两国服务贸易开放和服务出口部门的绩效与商品贸易大相径庭。服务业是印度的传统优势部门，建国以来，由于制造业发展缓慢，农业在国民经济中缩小的份额大部分被服务业吸收。关于服务贸易开放的研究框架一般围绕对 WTO《服务贸易总协定》的承诺展开。

6.3.1 中印服务贸易开放的制度环境比较

服务贸易自由化在《服务贸易总协定》（GATS）中被定义为一国政府在对外服务贸易中，通过立法和国际协议对服务和与服务有关的人、资本、商品、信息等在国家间的流动逐渐减少政府的行

---

① 具体制度将在下一部分两国服务贸易和金融开放的制度环境比较加以说明，此处仅强调制度配合。

政干预，放松对外管制的过程。GATS 的减让表共包括乌拉圭回合谈判的 12 大类和 160 个具体服务活动。本节根据盛斌（2002）对中国的研究，选取其中的 11 个大类的 149 种具体经济活动[①]。

对于每一个服务部门或活动都要按照 GATS 创造性的四种提供方式定义作出减让或约束，即跨境交付、境外消费、商业存在和自然人流动。此外，减让表中的承诺内容包括 GATS 第三部分（具体承诺）中对市场准入、国民待遇和附加承诺的基本要求。本节分析针对中国和印度的情况只考虑前两种。对服务贸易的承诺方式包括没有限制、有限制和没有承诺等。

在 149 个服务分部门中，中国对 82 个部门作出了约束承诺，承诺比例达到 55%；而印度只对 25 个部门作出了约束承诺，承诺比例仅为 17%。从总体水平上看，中国对服务业的具体承诺与转型国家相似，明显高于发展中国家，低于发达国家，而印度与发展中国家的平均水平相仿。

表 6.3 比较了中国、印度与不同类型 WTO 成员按服务提供方式划分的对市场准入和国民待遇的具体限制方式情况。在市场准入方面，从服务提供方式上看，中国对自然人流动和商业存在的限制最为严厉，特别是在对服务贸易具有深远影响的商业存在的承诺方面，与其他成员（包括发展中国家）有明显的差距。这体现在没有限制的部门仅占 1%，而不作承诺的部门却高达 46%。相比而言，对跨境交付与境外消费的限制却较为宽松，特别是对境外消费没有限制的比例高达 52%。最后，中国在跨境交付上的承诺特点与发展中国家十分相仿，对其中的 57% 的部门不作承诺，而发达国家的比例只有 25%。这主要是因为跨境支付经常被视为是商业存在的替代方式，不作承诺可以更多地吸引外资流入。

① 印度的承诺仅涉及 6 大类和 25 种具体活动。

表 6.3　　中国、印度与不同类型 WTO 成员对国民待遇的限制情况

（不同承诺类型的经济活动占全部服务活动的百分比）

			中国	印度	发达经济体	转型经济体	发展中经济体
市场准入	跨境交付	没有限制	21	4	65	52	44
		有限制	21	12	11	11	10
		没有承诺	57	84	25	37	46
	境外消费	没有限制	52	0	87	79	70
		有限制	3	8	12	11	2
		没有承诺	45	92	2	10	28
	商业存在	没有限制	1	0	39	37	20
		有限制	52	92	60	61	75
		没有承诺	46	8	1	12	5
	自然人流动	没有限制	0	0	0	0	5
		有限制	55	100	100	99	81
		没有承诺	45	0	0	1	14
国民待遇	跨境交付	没有限制	44	4	70	70	52
		有限制	1	0	5	3	3
		没有承诺	54	96	25	27	45
	境外消费	没有限制	55	0	95	93	66
		有限制	0	0	3	3	1
		没有承诺	45	100	2	4	33
	商业存在	没有限制	30	36	0	0	28
		有限制	20	32	97	88	63
		没有承诺	50	32	3	12	9
	自然人流动	没有限制	0	0	17	51	45
		有限制	55	100	83	48	34
		没有承诺	45	0	1	1	21

资料来源：根据 WTO 网站提供的两国承诺文件附件分类计算，其中中国的数据参考盛斌（2002）。

而印度的情况正相反，在跨境交付和境外消费两方面限制比较严格，特别是境外消费，没有限制的比重为0，92%的活动没有承诺。在商业存在和自然人流动两个方面则好于中国，尽管没有作出没有限制的承诺，但是有限制的承诺高于中国（分别为92%：52%和100%：55%）。这主要是由于商业存在表示给予外国服务提供者以法人开业权和相应的待遇以允许其在境内经营，如金融和电信，而如附录C所示，印度1991年金融和电信的开放程度远高于中国。而自然人流动指外国公民直接进入境内提供服务，如法律咨询，由于涉及入境和居留等许多非常敏感的问题，而中国面对此类问题更为复杂，所以限制较为严格。商业存在对服务贸易的意义最为重大，它与投资紧密相联。

在国民待遇方面，跨境支付、境外消费和自然人流动的具体承诺呈现出与市场准入相似的结构，但中印两国均体现出限制的频度从总体上比市场准入要小的特征，自然人流动未限制的比重与其他国家（特别是发展中经济体）的差距进一步拉大。但在商业存在方式上，中国和印度相对市场准入有很大的改观，好于发达经济体和其他发展中经济体，反映了中国和印度政府消除差别待遇和引入外部竞争的决心。相比而言，印度对商业存在未限制的部门比重更大（36%和30%），有限制的部门比重也明显高于中国（32%和20%）。

表6.4和表6.5报告了两国按部门细分的市场准入与国民待遇的具体承诺情况。在中国，在市场准入方面，所有作出承诺的部门都在商业存在和自然人流动方式上受到严格的限制及管理，没有限制的情况几乎不存在。建筑、分销、教育和环境四个部门开放程度最高。境外消费的承诺最高，已经作出承诺的部门除了金融、运输等敏感部门外几乎不受任何限制。跨境交付的约束情况比境外消费差一些，集中体现在三个敏感部门与商务、分销服务上，这反映出中国服务贸易自由化的重点在于吸引外国直接投资。在国民待遇方面，对自然人流动的限制依然相当严格，但在商业存在方式上比市场准入要缓和许多，

包括敏感的七个部门，实现了程度不同的非歧视待遇。境外消费和跨境支付的承诺情况也略高于市场准入下的相应比例。

表 6.4　中国、印度对服务业具体部门市场准入的限制情况

（不同承诺类型的经济活动占每类服务活动的百分比）

			商务	通讯	建筑	分销	教育	环境	金融	健康	旅游	娱乐	运输
中国	跨境交付	没有限制	39	13	0	40	0	0	12	0	50	0	16
		有限制	11	54	0	20	0	0	65	0	0	0	6
		没有承诺	50	33	100	40	100	100	24	100	50	100	77
	境外消费	没有限制	48	67	100	100	100	100	53	0	50	0	29
		有限制	2	0	0	0	0	0	24	0	0	0	0
		没有承诺	50	33	0	0	0	0	24	100	50	100	71
	商业存在	没有限制	4	0	0	0	0	0	0	0	0	0	0
		有限制	46	67	100	100	100	100	76	0	50	0	23
		没有承诺	50	33	0	0	0	0	24	100	50	100	77
	自然人流动	没有限制	0	0	0	0	0	0	0	0	0	0	0
		有限制	50	67	100	100	100	100	76	0	50	0	29
		没有承诺	50	33	0	0	0	0	24	100	50	100	71
印度	跨境交付	没有限制	0	14	0	—	—	—	0	0	0	—	—
		有限制	0	0	0	—	—	—	30	0	0	—	—
		没有承诺	100	86	100	—	—	—	70	100	100	—	—
	境外消费	没有限制	0	0	0	—	—	—	0	0	0	—	—
		有限制	0	0	0	—	—	—	20	0	0	—	—
		没有承诺	100	100	100	—	—	—	80	100	100	—	—
	商业存在	没有限制	100	0	0	—	—	—	0	0	0	—	—
		有限制	0	100	100	—	—	—	80	100	100	—	—
		没有承诺	0	0	0	—	—	—	20	0	0	—	—
	自然人流动	没有限制	0	0	0	—	—	—	0	0	0	—	—
		有限制	100	100	100	—	—	—	100	100	100	—	—
		没有承诺	0	0	0	—	—	—	0	0	0	—	—

资料来源：根据 WTO 网站提供的两国承诺文件附件分类计算，其中中国的数据参考盛斌（2002）。

表 6.5　中国、印度对服务业具体部门国民待遇的限制情况

（不同承诺类型的经济活动占每类服务活动的百分比）

			商务	通讯	建筑	分销	教育	环境	金融	健康	旅游	娱乐	运输
中国	跨境交付	没有限制	50	67	0	40	0	100	76	0	50	0	19
		有限制	0	0	0	20	0	0	0	0	0	0	3
		没有承诺	50	33	100	40	100	0	24	100	50	100	77
	境外消费	没有限制	50	67	100	100	100	100	76	0	50	0	29
		有限制	0	0	0	0	0	0	0	0	0	0	0
		没有承诺	50	33	0	0	0	0	24	100	50	100	71
	商业存在	没有限制	35	58	0	60	0	100	18	0	25	0	13
		有限制	15	8	100	40	0	0	59	0	25	0	10
		没有承诺	50	33	0	0	100	0	24	100	50	100	77
	自然人流动	没有限制	0	0	0	0	0	0	0	0	0	0	0
		有限制	50	67	100	100	100	100	76	0	50	0	29
		没有承诺	50	33	0	0	0	0	24	100	50	100	71
印度	跨境交付	没有限制	0	14	0	—	—	—	0	0	0	—	—
		有限制	0	0	0	—	—	—	0	0	0	—	—
		没有承诺	100	86	100	—	—	—	100	100	100	—	—
	境外消费	没有限制	0	0	0	—	—	—	0	0	0	—	—
		有限制	0	0	0	—	—	—	0	0	0	—	—
		没有承诺	100	100	100	—	—	—	100	100	100	—	—
	商业存在	没有限制	100	14	100	—	—	—	0	100	100	—	—
		有限制	0	14	0	—	—	—	70	0	0	—	—
		没有承诺	0	71	0	—	—	—	30	0	0	—	—
	自然人流动	没有限制	0	0	0	—	—	—	0	0	0	—	—
		有限制	100	100	100	—	—	—	100	100	100	—	—
		没有承诺	0	0	0	—	—	—	0	0	0	—	—

资料来源：根据 WTO 网站提供的两国承诺文件附件分类计算，其中中国的数据参考盛斌（2002）。

在印度，在市场准入方面，跨境支付和境外消费依然表现为最差，仅通讯中的数据和信息传递服务在跨境支付中没有限制，开放程度较高的金融业也仅有跨境支付中的30%和境外消费中的20%部门活动作出有限制的承诺。在商业存在方面则比中国好得多，其中，商务活动100%没有限制；在国民待遇方面，商业存在相对市场准入更好，其中商务、建筑、健康、旅游四个部门100%没有限制，通讯部门14%没有限制，总体上较中国更为开放，其他服务提供方式与市场准入一致。

印度在GATS中的承诺反映了印度政府对优势产业和发展方向的清醒认识，这种服务业发展格局的演变有着深厚的制度基础。在印度经济发展中，令印度人感到自豪的是他们的软件业和金融业，服务贸易自由化因而主要围绕这两个部门展开。服务业一直是印度的优势产业部门，但是在“新经济”出现之前，印度的服务业一直以运输和旅游等传统服务为主，服务业的出口份额处于较低的水平。20世纪90年代初的支付危机使印度社会在短期内达成了开放的共识，如何利用这个契机，又不背离本书前述分析指出的自力更生、僵化的、调和的以及要求共识的制度创生模式来确立经济发展的目标，成为决定印度未来的关键问题。本书前一部分在分析为什么有弹性的政策可以超越传统的制度障碍在软件行业展开时，指出了影响软件业发展的几个基本制度要件：高技术含量、健全的法制和金融制度、良好而悠久的教育制度。而印度恰恰在这几个制度方面相对完善：（1）印度不乏受过良好教育的熟练劳动力，为软件业的发展提供了物质基础，同时也为寻求自力更生发展经济的目标寻求了一条新途径；（2）软件业以知识和技术为载体，一方面符合印度对技术的重视，另一方面可以有效回避僵化的制度和落后的基础设施；（3）新兴部门的兴起比改造旧部门来得更加容易，可以绕过印度对制造业劳动力市场保护的管制，在不引起冲突的情况下，达成调和的共识。具体来讲，主要有以下几个方面：

第一，印度是世界上拥有最庞大教育机构的国家之一。2005年印度拥有高等教育机构约17000所，招生人数约1050万人，而中国的各类高等教育机构仅5000多所，招生人数为833万人[①]。印度的高等教育在世界上有良好的声誉。早在印度独立运动的领导人尼赫鲁在剑桥大学读书时候起，就发誓要把印度建设成一个教育强国。长期存在的良好的高等教育体制提供了熟练运用英语的技术人员储备。同时，印度中央和各邦政府还在培训软件人才方面制定了若干具体政策，一方面在国内逐渐把信息技术和软件逐步纳入基本教育层次，开放私人资本和外资从事电脑软硬件的专业教育；另一方面制定一整套优惠措施以吸收大批印度海外科技人才归国。事实上，这些先后回国的人才已经成为印度高科技产业的重要中间力量。

第二，印度知识产权制度建设起步较早，比中国早一百多年，目前已形成颇具本国特色的知识产权法律体系。印度现行知识产权法律包括经由《2005年专利（修订）案》修订的《1970年专利法》、《2000年设计法》、《1999年商标法》、《1957年版权法》、《1999年商品地理标志（注册和保护）法》等，拥有健全的知识产权管理机构和司法保护、行政保护和民间保护等多方面的保护措施。1995年修订的《版权法》从内容上来看，是世界上最严格也是最接近国际惯例的版权法之一。它明确规范了版权人及使用者的权利、责任、义务和利益，依据WTO中的与贸易有关的《知识产权协议》（*Trade-Related Aspects of Intellectual Property Rights*，TRIPS）的基本原则，对数据库知识产权、以源代码或目标代码表达的计算机程序、著作出租权的保护范围、权利限制与作品的合理使用等方面进行了重大调整，对侵犯版权的行为规定了严厉的民事和刑事指控。新版权法颁布后，印度的盗

① 资料来源：《中国统计年鉴2006》、Agarwal（2006）、《中国统计摘要2006》。

版比例下降了30%，这不仅使软件产品免受美国301条款的制裁，消除了出口障碍，而且提高了西方软件产业在印度投资的吸引力。相比，中国的知识产权立法起步较晚，20世纪80年代仅有《商标法》和《专利法》两部法律，后在TRIPS框架协议及中美双边知识产权谈判的情况下作了相当程度的修改和完善，发展速度较快，但仍然是相关知识产权法律、法规松散地集合在一起的知识产权法群，管理权分散在专利、版权和商标三个部门，尚未形成健全高效的管理体系。

第三，自印度独立以来，长期奉行计划经济的原则，但印度的金融体系还是延续英国人留下来的金融制度，它的银行体系有130年历史，股票市场也有百年以上历史。国内各类证券交易机构约7000家，交易机构的数目仅次于美国。其股票交易所的系统达到发达国家股票交易所的水平，全国股票交易所的管理机制已与纳斯达克机制接轨，印度证券交易透明度高、交易迅速。目前，主板股票市场两家（Bombay、National），上市公司数量超过一万多家，股票可全流通，股票总市值占GDP比率达到85%以上。在印度银行体系中，商业银行中有27家政府银行、25家私人银行、46家外资银行，城市合作银行和农村合作银行是合作制，非银行金融机构4.7万家，多为私营。商业银行全国合计的呆坏账比率为10.8%。印度银行管理体系相对健全，具有较佳的国际信誉，印度金融的体制基础较完善，市场秩序较好，资源配置以市场为主。

第四，在服务业不存在类似于制造业的《劳资争议法》等限制劳动力市场的制度，劳动力质高而价廉，雇用与解雇没有任何限制。由于以金融和软件为特色的服务业或者以知识为基础的“分包”型制造业的发展依赖于印度人自己的智力资源和金融资源（如风险投资），而不需要像传统制造业那样需要从国外引进技术、设备和产品，因此，印度的经济增长对外商直接投资的依赖就小得多。实际上，印度这些年来吸引的外商直接投资累积不过300亿～

400 亿美元，甚至不足一年流入中国的外商直接投资额。印度是目前美国在世界上找到的最大的软件和软件赋能服务业的“外包基地”。由于软件和软件服务业的高速发展，印度的风险投资增长也相当快，已经成为仅次于日本、拥有世界第二大风险投资基金的国家。

中国与印度相比而言，上述软件业发展所需要的制度环境都是在改革开放之后仓促建立的，在很多方面还相当不完善。在教育体制方面，由于“文革”期间造成一代人教育的断层以及封闭式的教育体制，使中国无法拥有像印度一样多的英语娴熟的熟练技术储备人才。在法律制度方面，长期以来基础薄弱，合约和法律的执行不及印度有效。特别是由于知识产权法律出台的不及时，盗版猖獗，降低了软件企业的利润，打击了软件企业创新的积极性。在金融制度方面，由于在旧经济体制下，银行与行政管理部门以及与国有企业的特殊关系，长期以来银行的功能未能得到有效发挥，缺乏合理的信贷评价机制，技术和设备落后，无法为小企业提供建立软件企业的有效资金。同时，由于资本市场起步晚，发展不完善，创业板市场刚刚推出，造成企业直接融资的渠道不畅通。另外，由于制度薄弱和金融风险的存在，风险投资在中国一直未能得到大规模发展。也正是由于上述因素，中国的金融开放一直处于整个开放体系的末梢。另外，由于制造业一直是中国的优势产业部门，随着全球经济逐步向服务业倾斜，中国的制造业在整个国民经济中的份额不降反升。软件业在中国更多地作为一个产业而不是服务业来发展，软件生产在整个软件产业中的份额在 2003 年之前一直高于软件服务。而印度企业尽管软件开发技术高于我国，但主要经营的是外包业务，因而表现为服务业出口份额的不断提高。

6.3.2　中印金融开放的制度环境比较

本节第 2 部分将讨论金融开放的制度环境。金融服务贸易自由化以及资本账户和市场自由化构成金融开放的核心内容。

从理论上来讲，金融开放可以使资本配置更有效促进资本深化，并分散风险，因而可以引起经济增长。然而，如本书第1章所总结，在具体的跨国分析中，却很难找到金融开放促进经济增长的有力证据，同时部分研究显示金融开放是金融危机的罪魁祸首。Kose等（2006）根据最新的研究状况总结了25篇理论文献，发现其中只有两篇提供了金融开放促进经济增长的证据，大部分文献的结论是没有影响或不确定。这些文献大体上提供了两点结论：（1）金融开放对经济增长的影响很弱，特别是在贫困的发展中国家（Edwards，2001）；（2）时间数据跨度越长，则越可能得出有益于增长的结果（Klein and Olivei，2006）。相关的研究证据同时发现，资本流动并不会增加突然停止或经常账户逆转的可能性（Edwards，2005），银行危机更可能发生在封闭的国家（Hutchison and Noy，2005）。这意味着不存在金融开放本身直接引致金融危机的动因。那么究竟是什么原因阻塞了金融开放刺激经济增长的通道？近年来，越来越多的经济学者把视角落在开放国家的宏观经济基础上，如Kose等（2006）将金融开放影响经济增长的途径分为两种：一是传统途径，如本段开始部分总结的理论途径；二是间接途径，即宏观经济基础，包括金融市场发展、制度发展、良好的治理和宏观经济秩序，并得出结论：在上述条件比较好、门槛比较高的国家，金融开放倾向于促进全要素生产率、引起经济增长、降低危机发生的可能性；而在门槛比较低的国家，促进经济增长的可能性则变得不确定，同时危机发生的可能性提高。

Kose等（2006）利用71个国家1985—2004年的样本分析了金融开放和经济增长、金融自由化、证券市场自由化和制度质量的关系（见图6.10至图6.13），并发现，在大多数国家，金融开放与经济增长表现为没有关系或负的关系；但是如果考察金融开放与金融发展和制度质量的关系，则正的关系比较明显①。Bekaert, Harvey and Lundblad（2001、2005）、Li（2003）、Hammel（2006）以及 Mitton（2006）都曾通过实证分析找到权益市场自由化促进经济增长的证据。

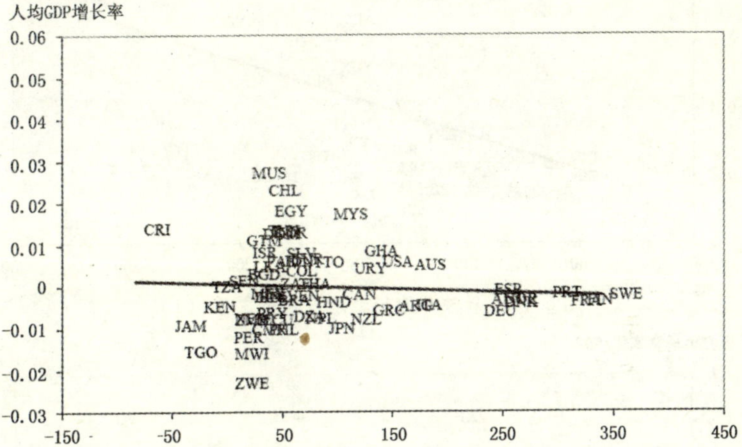

图 6.10 金融开放与 GDP 增长率的关系

这样，借鉴本书的分析方法，不难找到金融开放有利于经济增长的结论，但是这个结论是有条件的，即国内制度环境的配合。在前两部分对贸易和外资的分析中，制度的质量和制度的配合也是作为决定贸易效果和外资流入的基础要件来分析的。但是，可能存在不同类型的开放政策与不同制度的配合以及制度环境对不同类型的开放政策影响次序不一样，这是上一章第三节关注的问题。本节关注的是除了和其他开放政策一样，金融开放要受制于国内制度质量的影响，另外，金融开放更受制于国内金融发展状况的影响。尽管

① 这里金融开放用总国外资产和负债的存量与 GDP 的比重表示（Lane and Milesi -Ferretti, 2006）。经济增长率用增长对初始收入、人口增长、人力资本和投资率跨国回归的残差表示，即表示一种有条件的增长。制度质量用本章前述的世界银行治理指数的平均数来表示。

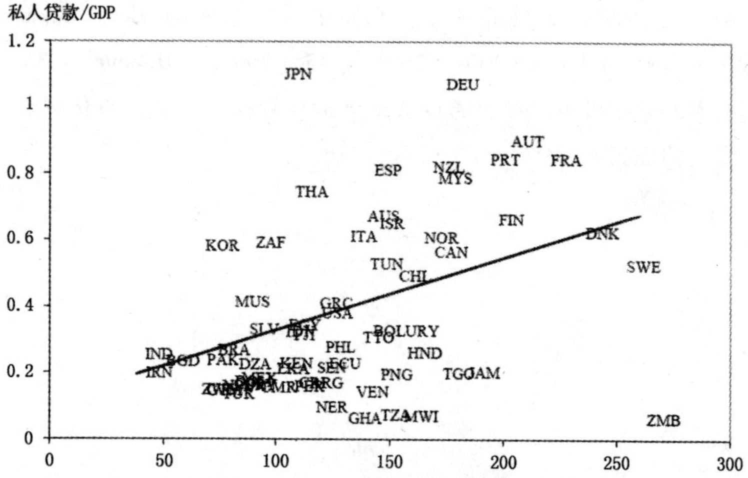

图 6.11 金融开放与金融发展的关系（1）

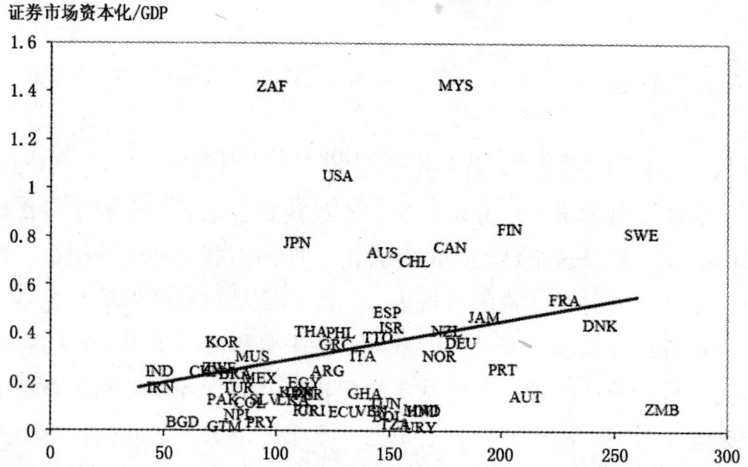

图 6.12 金融开放与金融发展的关系（2）

国内的金融发展状况也会对贸易开放产生影响，但是前者作用强度显然对金融开放更为直接和深远。

接下来笔者将对比分析中国和印度的金融开放与金融发展情况。在本书第 4 章，笔者给出了两国 FDI 和证券投资的一些基本数

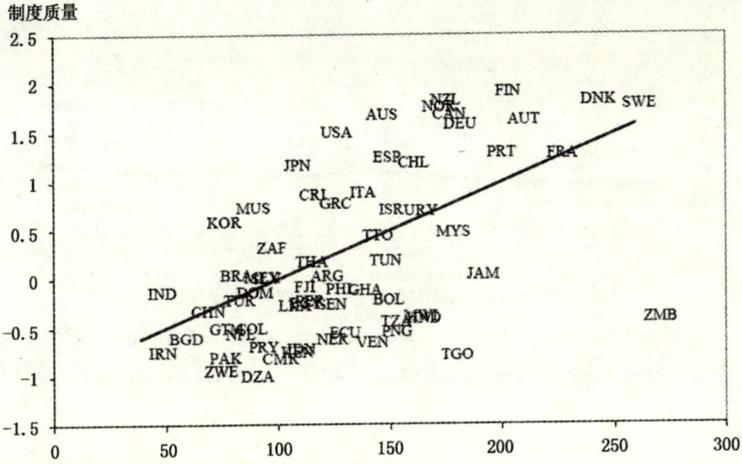

图 6.13　金融开放与制度质量的关系

资料来源：Kose，M. Ayhan，Eswar Prasad，Kenneth Rogoff and Shang-Jin Wei (2006)，"*Financial Globalization：A Reappraisal*"，IMF Working Paper，August.

据。接下来，从 IMF 提供的两国国际收支平衡表可以进一步对比两国的金融开放水平。从图 6.14 可以看出，两国基本经历了相同的发展路径，在 20 世纪 90 年代中期，净负债积聚到最大，其后净资产状况平稳改善。2004 年中国的净国外资产达到 GDP 的 8%，而印度的净负债为 GDP 的 11%。图 6.15 反映以总国外资产和负债之和占 GDP 的比重表示国际金融一体化的水平，两国均稳步上升，但是与发达国家和亚洲一些新兴工业化国家相比仍有很大的差距，同时落后于其贸易的增长速度和 GDP 在世界范围内的拓宽速度[①]。

在前面的分析中，我们从跨国数据得出金融开放与金融部门的发展状况和相关政策相关的假设，下面我们从这个假设出发来分析中国和印度的金融发展状况以及与金融开放的关系。

---

① Lane，Philip R.，and Gian Maria Milesi - Ferretti (2006)，"*The External Wealth of Nations Mark II：Revised and Extended Estimates of Foreign Assets and Liabilities，1970—2004*"，IMF Working Paper 06/69.

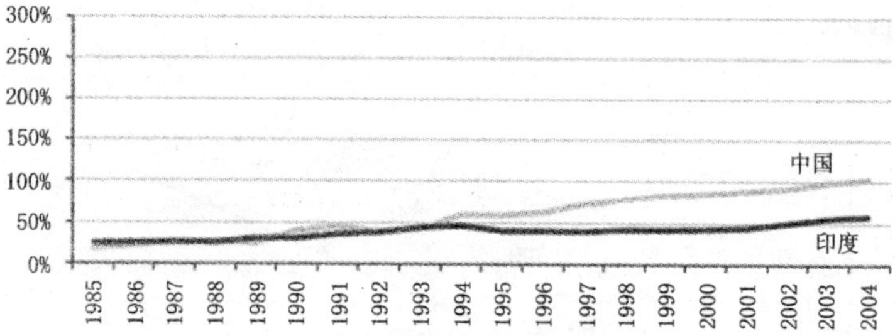

图 6.14 中印净国外资产的演变状况

资料来源：Lane, Philip R., and Gian Maria Milesi-Ferretti (2005), "*The International Financial Integration of China and India*", Federal Reserve Bank of San Francisco.

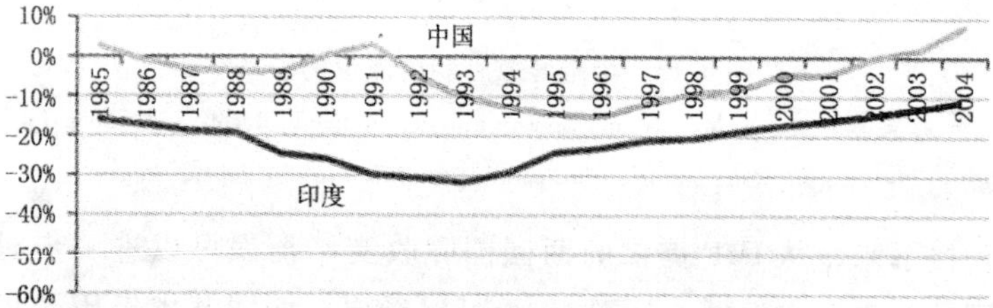

图 6.15 中印国际金融一体化状况的演变对比

资料来源：Lane, Philip R., and Gian Maria Milesi-Ferretti (2005), "The International Financial Integration of China and India", Federal Reserve Bank of San Francisco.

金融体系传统上被分成银行主导型和市场主导型（Allen and Gale, 2001），中国的金融体系无疑于接近银行主导型。在改革开放初期，中国的金融体系主要由中国人民银行和四大国有商业银行组成，20 世纪 80 年代中后期股份制商业银行和地方银行开始逐步设立，至 2006 年年底，全国共有 5 家国有商业银行、12 家全国性股份制商业银行和 113 家城市商业银行，境内总资产规模达到 43.95 万亿元人民币。[①] 在资本市场的发展方面，1990 年和 1991 年

① 资料来源：中国商务部《中国服务贸易发展报告 2007》。

分别建立上海和深圳交易所，1994 年和 1997 年银行间同业拆借市场和债券市场分别成立。附录 D 显示中国的金融自由化以一种渐进的方式进行，一方面，银行部门的规模进一步扩大，资产质量不断改善，高额不良贷款 2006 年终于降到国际警戒线（10%）以下，另一方面通过外汇体制改革和履行 GATS 对银行业的开放承诺不断加大开放的步伐，外资银行的数目和经营的业务范围不断扩大，截至 2007 年 10 月底，共有 22 个国家和地区的 95 家外资银行在中国 25 个城市设立了 230 家分行和 79 家支行；46 个国家和地区的 191 家外资银行在中国 25 个城市设立了 241 家代表处。资产总额为 1539 亿美元，约占中国银行业金融机构资产总额的 2.2%。[①] 截至 2007 年年末，共有 44 家中资金融机构引入 51 家境外投资者，共引入资金 220.66 亿美元，投资比例最高为 25%。股票市场的发展也比较迅速，15 年间从一无所有发展到 2004 年的市场资本化比例达到 40%，2007 年进一步超过 GDP 总量。另外，作为银行体制改革的一部分，2000 年以来加大商业银行在 A 股和香港 H 股市场的上市力度，目前已有 13 家银行分别在 A 股或 H 股市场交易。

资本账户自由化的措施主要围绕 FDI 的流入展开。在证券投资方面，主要包括 1992 年的 B 股市场和 2002 年 QFII 制度的引入，但是上市公司多为国有企业，缺乏对小股东的保护，股权分置。在借款流入方面限制比较严格，大部分为政府、金融机构、获得授权的国有企业和短期贸易贷款的计划贷款，非计划贷款仅限于外资企业和外资银行或合资银行。对私人资本流动的限制至今仍非常严格，主要原因在于控制内流可以使政府通过控制最高利率来控制国内银行部门，而对外流的控制由于缺乏高质量的国内机构投资者所致。然而，附录 D 显示小步骤的开放依然在进行，QDII 计划的提出反映了这种趋向。

---

① 资料来源：中国银行业监督管理委员会网站（http://www.cbrc.gov.cn）。

中国的金融开放还伴随着外汇体制改革，1994 年双重体制外汇的并轨和银行间外汇市场的建立都是重要的步骤。1996 年实现经常账户可兑换。然而，中国在资本账户开放上始终鲜有举措，根据国际金融学中的“不可能三角”理论，稳定的汇率总是倾向与资本管制挂钩，然而普拉萨德等（Prasad et al.，2004）指出，开放的资本账户和刚性的盯住汇率体制的政策框架对中国可能风险更小。

印度的金融体系相比中国的金融体系更接近市场和银行混合型。在 20 世纪 80 年代末以前，印度的金融部门发展缓慢，1969 年政府对 16 家商业银行实行国有化以后，印度的商业银行与中国的银行一样开始经历担负政策贷款任务的阶段。1980 年，最大的六家银行掌控全国公共部门存款的 92%。印度的金融改革开始于 1990 年支付危机以后，对银行部门的改革主要包括：（1）利率自由化。在改革之前，利率作为国家产业布局的配套措施，执行在不同部门间分配资金的任务。1994 年，大宗借款利率（PLR）推出，规定超过 20 万卢比的借款利率可以在不超过 PLR 的情况下自由制定。在存款方面，对于 70% 的定期存款利率完全自由化。2004 年，印度储备银行仅制定储蓄和非居民存款利率，15 天以上的存款利率完全自由化。（2）私有化。1994 年起允许私人持有商业银行不超过 49% 的股份。印度的资本市场相对发达，但是由于数目众多、缺乏统一性，投机严重。改革后，印度建立了全国证券交易所（NSE），还成立了印度证券交易委员会，对资本市场的约束更趋严格。在资本账户自由化方面，由于受高额公共金融借款的限制，对资本流动的限制很难取消。另外，尽管 1991 年开放以后印度将法定的汇率体制定为“完全浮动”，但在实际安排中，由于“害怕浮动”，实行的是盯住的汇率安排（Patnaik and Shah，2006）。

Rajan and Zingales（2003）指出，发达的金融体系应该包括如下基本要素：（1）尊重知识产权；（2）能提高透明度的会计和披露制度；（3）能保证正常契约得到廉价履行的法律体系；（4）能保护消费者、促进竞争和控制高风险的规制基础。通过上述分析，印度的相关制度指标看上去要好得多。

表6.6进一步考察了金融开放与金融发展的关系。金融开放此处用总私人资本流入与流出之和占GDP的比重来衡量。考察金融发展的指标很多，比较常用的有三个，分别从银行、资本市场和经济货币化程度三个方面考察。其中银行指标用银行贷款与GDP的比率表示，资本市场指标用证券资本化率表示（记为证券资本化/GDP），而传统的金融深化指标一般采用麦金农用提出的M2/GDP（货币化率）来表示，反映某个国家经济货币化的程度。

表6.6 中印金融开放与金融发展指标及相关系数检验

（1991—2006年） （%）

年份	中国				印度			
	金融开放	M2/GDP	证券资本化/GDP	银行贷款/GDP	金融开放	M2/GDP	证券资本化/GDP	银行贷款/GDP
1991	2	77	1	93	2	41	18	51
1992	6	81	4	92	3	41	27	50
1993	10	85	9	101	3	42	36	49
1994	9	86	8	89	4	43	40	47
1995	6	89	6	88	2	42	36	44
1996	6	96	13	93	5	42	32	46
1997	11	106	22	101	5	44	31	46
1998	10	117	23	113	5	46	25	47
1999	12	126	31	119	2	48	41	49
2000	11	130	48	120	7	52	32	53
2001	9	133	40	123	6	55	23	55
2002	7	142	32	143	4	59	26	59
2003	12	150	42	132	6	60	46	57
2004	10	148	33	140	6	61	56	59
2005	11	150	35	135	6	62	69	60
2006	12	152	91	136	11	64	90	63
相关系数	—	0.66	0.65	0.55	—	0.71	0.68	0.66

资料来源：根据WDI和《中国对外统计年鉴》（1992—2007）、印度储备银行年报（1991—2007）计算。

通过考察中国和印度的数据，我们会发现：（1）金融开放与金融发展有很强的相关性，相关系数为正，且比较显著；（2）相对中国而言，印度的金融开放与金融发展的相关程度更高。尽管印度的资本市场相对其他发展中大国相比有较好的发展状况，但是市场融资能力依然有限，金融开放依然需要银行业来支撑，这也与印度银行业相对开放程度较高的事实相符（见附录C)，因而印度并不像很多学者认为的是市场主导型金融体制，而是先以银行主导型为主，逐步发展到银行与市场混合型，在今后有逐步过渡到市场主导型的趋势；（3）中国的金融开放在最初主要靠货币化比率和银行指标支撑，随着资本市场的不断发展，特别是商业银行在香港上市，以证券市场资本化表示的金融发展指标与金融开放的相关程度不断提高，但是相比印度而言，银行与金融开放的相关系数较低，与中国银行业的封闭程度有关。

通过上述分析，我们初步验证了在中国和印度，金融开放不仅需要好的制度配合，更依赖于金融市场的发展程度，这也可以从一个角度说明中国金融业相对印度开放缓慢的事实。

第7章

中印制度对经济增长“近因”影响的实证检验

经济增长是一个复杂的社会现象，其影响因素众多，层次也比较复杂。新古典增长理论和新增长理论的出现，奠定了劳动、物质（人力）资本和技术进步作为解释经济增长的“近因”的基石作用。新制度经济学关于增长理论的深层次的因素分析最终还是要落到对“近因”的解释上，才能更好地说明制度与经济增长的关系，正所谓“原因的原因”。制度与经济增长的联系机制主要反映为一种激励机制，使个人和组织有动力投资于物质和人力资本，采用更有效的技术（Acemoglu，2004）。

Thomas 等（2000）提出要从三个方面关注增长过程：（1）考虑所有的投入要素，包括物质、人力和自然资本；（2）注重各种资本的跨时分配；（3）强调好的治理的制度框架（见图 7.1）。过度关注物质资本，常常引致一种费成本的政策实施，并因为使既得利益集团获利而很难改变，这种对物质资本的扭曲性积累源于对企业的补贴性信贷和对外国投资者的税收优惠；而为人力资本和其他资本提供一个更公平的受益机会的分配则会提高人们利用技术提高收入的可能性。上述一切都依赖好的治理构筑的制度结构，坏的制度框架会使持续增长受到影响。被既得利益集团掌控的国家政策、

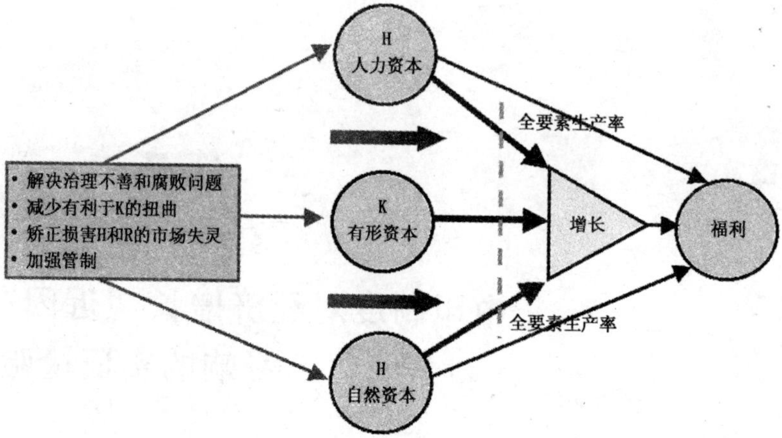

图 7.1 增长的框架

资料来源：Thomas，Vinod（2000），“*The Quality of Growth*”，Published for the World Bank Oxford University Press.

法律和资源常常破坏增长的动机，导致生产资本缺乏社会性，从而导致增长无法实现。因此，为更好的治理所作的投资对经济绩效的提高是头等重要的。

本章按照上述思路进行实证检验，首先计算出物质资本、人力资本和全要素生产率（*Total Factor Productivity*，TFP）对两国经济增长的影响；然后构造时间序列比较各种制度和制度配合对两国物质资本、人力资本和全要素生产率的不同影响。

7.1 物质、人力资本和技术进步对中印经济增长的影响检验

分别检验物质资本、人力资本和技术进步对经济增长的影响一般采用对产出进行分解的方式。而对产出分解的一个关键步骤是生产函数中技术进步类型的假设。传统的增长核算框架亦称“重水

平值的发展核算”，一般是遵循索罗（Solow，1957）提出的方法，通过规模报酬不变的假设，把技术视做产出中扣除资本和劳动贡献之后的剩余项——索洛残差（*Solow Residual*），并称之为全要素生产率（TFP）。[1] 但由于资本是经济主体长期投资的结果，其积累速度很大程度上决定于产出水平和技术进步，因而是内生的，已包含了技术的贡献，直接扣除会严重低估技术对产出的贡献，而相应夸大了要素投入的作用（如 Mankiw 等，1992）。最近的研究（如 Klenow and Rodriguez-Clare，1997；Prescott，1998；Hall and Jones，1999；Easterly and Levine，2001）倾向采用更合理的方式对跨国人均或劳均收入（产出）进行分解，结果显示全要素生产率比投入要素具有更强的解释力。[2]

7.1.1 产出的分解

Uzawa（1961）、Barro and Sala-i-Martin（1995）、Acemoglu（2002）、Jones and Scrimgeour（2005）从理论上证明了能够产生稳态经济增长路径的经济其技术进步形式必须是哈罗德中性（*Harrod Neutral*）或劳动增进型的。经验上，各国劳动生产率持续上升但资本产出比保持不变（从而资本回报率不变）这一典型事实支持技术进步为劳动增进的假设。因此，我们假设生产函数具有如下形式：

---

① 劳均生产函数的常用形式是 $Y_{it}=A_{it}K_{it}^{\alpha}\ (L_{it}h_{it})^{1-\alpha}$，技术进步形式是希克斯中性的（Hicks Neutral），即扩展路径是不变的，劳动和资本的生产效率同比例增加。(5.1) 式与之相比具有两个优点：第一，当经济处于平衡增长时，索洛模型预测资本产出比取决于储蓄率、人口增长率和技术进步率，因此跨国之间 K/Y 的差别对收入差别的贡献反映了索洛模型对跨国收入差别的解释能力；第二，当储蓄率不变时，劳均资本因为生产率的提高而提高，如果将劳均产出表示为劳均资本的函数，将会从本质上提高资本对生产率提高的贡献（Hall and Jones，1999）。

② 李坤望和黄玖立（2006）：“论中国省际劳均产出的差异”，《南开学报》，2006 年第 2 期。

$$Y_{it} = K_{it}^{\alpha}(A_{it}h_{it}L_{it})^{1-\alpha} \tag{7.1}$$

式中 Y_{it}、K_{it}和 L_{it}分别为第 i 国在时期 t 的实际产出、物质资本存量和以劳动者人数衡量的劳动投入；A_{it}和 h_{it}分别为劳动增进型技术和单位人力资本；α 为资本份额。我们在公式 7.1 左右两端分别除以劳动 L_{it}并取对数，可得劳均产出的表达式：

$$\ln y_{it} \equiv \ln(Y_{it}/L_{it}) = \alpha\ln(K_{it}/L_{it}) + (1-\alpha)\ln A_{it} + (1-\alpha)\ln h_{it} \tag{7.2}$$

7.2 式两端同时减去 $\alpha\ln Y_{it}$ 并除以（$1-\alpha$），可得：

$$\ln y_{it} = \frac{\alpha}{1-\alpha}\ln\left(\frac{K_{it}/L_{it}}{Y_{it}/L_{it}}\right) + \ln A_{it} + \ln h_{it}$$

$$= \frac{\alpha}{1-\alpha}\ln(K/Y)_{it} + \ln A_{it} + \ln h_{it} \tag{7.3}$$

7.3 式便是产出分解公式，它把劳均产出分解为物质资本密度（即资本产出比）、人力资本和技术三个部分，其中，技术或全要素生产率（TFP）是产出扣除资本密度和人力资本后的剩余。显然，7.3 式把生产率的贡献从劳均产出中完全“独立”出来。可以预见的是，由于资本产出比和人力资本在时间和空间上的差异和变化较小，利用这种方法计算出来的生产率贡献会较高。

Klenow and Rodriguez – Clare（1997）还对 7.3 式求差分，将一国的劳均产出增长分解为生产率提高和要素密度的变化，即得增长率的分解公式：①

$$\Delta\ln y_{it} = \frac{\alpha}{1-\alpha}\Delta\ln(K/Y)_{it} + \Delta\ln A_{it} + \Delta\ln h_{it} \tag{7.4}$$

---

① 该式与传统的索洛增长分解模型相比有两个优点：第一，该式可以将产出的增长率差异分解为生产率提高速度的差异和［$a/(1-a)$］$\Delta\ln(K/Y)$ 的差异。根据索洛模型，当经济处于平衡时，资本产出比不变，$\Delta\ln(K/Y)=0$，根据［$a/(1-a)$］$\Delta\ln(K/Y)/\Delta\ln y$ 可以知道一国经济距离平衡增长路径有多远，因此该式可以用于分析索洛模型对跨国经济增长率差异的解释能力。第二，如果生产率增长是外生的，正确地代表了生产率增长对产出增长率的全部贡献（Barro and Sala – i – Martin，2000，转引自黎德福、陈宗胜，2006）。

整理之后，TFP 的增长率为：

$$\Delta \ln A_{it} = \Delta \ln y_{it} - \frac{\alpha}{1-\alpha}\Delta \ln (K/Y)_{it} - \Delta \ln h_{it} \qquad (7.5)$$

7.1.2 数据说明和人力资本的计算

根据公式，我们需要实际 GDP、劳动投入、资本存量和人力资本的数据。在第 4 章提到本书的经验研究始于 1980 年，而局限于目前可获得的数据，本章数据范围主要为 1980—2003 年。[①] 两国的数据主要来源于 PWT6.2（*Penn World Table*，《宾夕法尼亚世界表》），世界银行 WDI（*World Development Indicators*，《世界发展指数》）。另外，中国的部分数据从《新中国五十年统计资料汇编》、《中国统计劳动年鉴》和《中国统计年鉴》中补充。印度的补充数据主要来源于财政部的《经济概览》（*Economic Survey*）、印度储备银行的数据库、国家统计委员会的 CSO 和 NSSO 两大数据库以及教育部的《教育统计》（*Selected Educational Statistics*）等。这里需要指出的是，中国和印度的统计数据侧重点有很大的不同。由于印度有非常大的非正式部门，在那里产出和就业主要集中于小企业，因而，印度的国民账户核算主要以大量的家庭定期调查为主。反之，中国的统计数据则以工业部门大企业的报告为主，此外为了获得生产服务型企业的高质量的数据，也依赖于家庭调查（Bosworth and Collins，2007）。

由于 PWT6.2 基于一揽子商品作购买力平价，所以有可能会高估中国的购买力，因而观测期初始年份的 TFP 可能会高估。所以本书利用 PWT6.2 和世界银行世界发展指数（WDI）两种口径的数据对产出进行分解并比较（WDI 分解数据见附录 F）。本书的折旧

① 沿袭英联邦的传统，印度的年度统计为财年，即第一年 4 月初至第二年 3 月底。在国际统计比较中，一般是按照第一年的数据。

率 6% 来自 Hall and Jones（1999）的计算结果，为了避免观测期计算结果不会受到初始值选择的较大影响，我们把按永续盘存法计算的资本存量提早到从 1965 年算起。其计算公式如下：

$$K_0 = I_0/(g + \delta) \tag{7.6}$$

$$K_t = I_t + (1 - \delta)K_{t-1} \tag{7.7}$$

式中，K_t 为 t 年末的资本存量；I_t 为第 t 年的总投资；δ 为资本的折旧率；K_0 为初始年份的资本存量；I_0 为初始年份（1965 年）的总投资；g 为 1965—1975 年间的投资的几何增长率。另外，各指标采用五年一平均报告，基于消除周期性波动因素的考虑。资本份额 α 来自 Bosworth and Collins（2007），确定为 0.4。①

从对经济增长的经验研究文献来看，目前国际上对人力资本的测度还没有一个统一的标准。普遍采用的是 Barro and Lee 提出的计算教育收益（*Return to Education*）的方法（1993，2000）。该方法以统计数据为基准，用入学率（初等教育、中等教育和高等教育）来估计相对于基准的变化，计算出人力资本存量的估计数据；即首先根据初等、中等和高等学校的入学率计算出各国教育收益的数据集，然后根据各国教育情况获得最高年限数据，可以获得 t 年的人力资本存量 H_t，即平均受教育年限（*Average Year*

---

① 关于中印 α 的确定，Bosworth and Collins（2007）作了详细回顾和说明，Heytens and Zebreg（2003）使用 0.5 和 0.63，OECD（2005）使用 0.53，Zheng 等（2006）使用 0.4、0.5 和 0.6，Kujis and Wang（2006）使用 0.5，而 B&C 认为有充分的理由相信 0.4 是最恰当的。而且，B&C 认为，尽管有种种理由，但无论如何超过 0.5 是不可思议的。本书采用 B&C 的推测，确定为 0.4。

of Schooling)。[①] 然而，我们通过比较 Barro and Lee 五年一次的报告数据和笔者计算的中国三次普查年份和 1995 年官方的数据，以及印度统计与程序部五年一周期的 NSSO 住户调查数据来看，两者的差异较大（见表 7.1）。从经验上看，在正常情况下，平均受教育年限应该遵循一个稳步递增的途径，但是由于官方提供数据的限制，本书无法计算两国其他年份的平均受教育年限，具体数据来源情况见上页脚注①。[②]

---

① 关于两国最高受教育年限的界定。在中国，主要是关于小学受教育年限的计算有分歧。笔者经搜集资料发现，关于小学六年制的最早文件为 1980 年中共中央、国务院《关于普及小学教育若干问题的决定》指出：“普及小学涉及到中小学的学制问题，准备逐步改为 12 年制。今后一段时间，小学学制 5 年制与 6 年制并存。”尽管各省实际情况略有不同，但在本书的大多数观测年份和大部分省区应该是以“6 +3”的九年制义务教育比较普遍。印度的教育体系与中国略有不同。1986 年印度根据社会发展状况重新制定了《国家教育政策》（1992 年修改并制定了《行动计划》）。目前，印度的全国的大部分邦和中央直辖区都按照这些政策，实行了统一的 10 +2 学制（1 ~5 年级为初等教育阶段；6 ~8 年级为中间教育阶段，有些邦称为高级初等教育；9 ~12 年级为中等教育阶段，其中 9 ~10 年级为初级中等教育，11 ~12 年级为高级中等教育）。其中，初等教育是 5 年，中等教育也是 5 年，然后有两年的高等教育（Pre - degree）。之后学生们可以进入本科的学习阶段，通常为 3 ~4 年，然后再学 2 ~3 年的话可以获得硕士学位。博士学位的年限通常是 3 年或 3 年以上。这样印度小学、初中、高中和高等教育的最高年限分别为 5、10、12 和 19 年。相应地，中国小学、初中、高中（包括中专）和高等教育（大专以上）的最高年限分别确定为 6、9、12 和 19 年。

② 中国的数据根据《中国人口统计年鉴》、《中国统计年鉴》等各年数据综合计算。缺失的年份参考 Carsten A. Holz（2005），并根据 1982 年、1990 年、1995 年、2000 年提供的官方数据调整。笔者曾经根据《中国劳动统计年鉴》和《中国人口统计年鉴》综合计算 1996—1999 年以及 2001—2004 年的劳均受教育年限，但由于反映的是 16 岁以上就业人员的数据，而非 15 岁以上劳动力的数据，在与普查年份数据的契合方面不及 Carsten A. Holz 的抽样数据平稳。印度数据的计算主要参考印度统计与程序执行部 NSSO 五年一次的住户调查报告“Employment and Unemployment in India，1993—1994”、“Employment and Unemployment Situation in India 1999—2000”、“Status of Education and Vocational Training in India 2004—2005”，缺失年份的数据参考 Leeuwen（2006），并根据住户调查的报告调平。

表 7.1　　中国和印度人力资本存量计算比较

（15 岁以上劳动力平均受教育年限）

年份	Barro-Lee		年份	中国人口普查	年份	印度 NSSO 住户调查
	中国	印度				
1980	4.76	3.27	1982	5.69	1983	n. a.
1985	4.94	3.64	—	—	—	—
1990	5.85	4.10	1990	6.88	1993—1994	4.55
1995	6.11	4.52	1995	7.41	1999—2000	4.86
2000	6.35	5.06	2000	8.42	2003—2004	5.79

资料来源：见上页脚注①。

另外，用受教育的平均年限表示的人力资本也有缺陷，一方面，它对一年的教育设定了相同的权重，而这个权重应该根据个人已经累积的教育年限的不同而不同；另一方面，它没有考虑因不同的国家和时间的教育质量的差异。一些学者尝试用人力资本存量的货币价值来克服教育年限的限制，根据市场收益来权重每年教育的宏观劳动力研究中估计的教育收益率数据（Laroche and Merette 2000，Cohen and Soto 2001），但是这个算法受到大多数国家详细工资数据的不可获得性的限制而不能广泛应用于国际比较。

本书的教育回报率的数据取自 Psacharopoulos and Patrinos（2004），中国和印度的平均教育回报率分别为 12.2% 和 10.6%，平均人力资本表示倍乘的简单劳动力，其计算方法参考了 Hall and Jones（1999）文中的做法，用明瑟方程（*Mincer Regressions*，Mincer，1974）把两国劳动力按照受教育年限和教育的回报率转换为人力资本，为 $h \equiv H/L = \exp$（平均受教育年限 × 平均教育回报率）。印度相对于中国平均受教育年限较低的原因有很多，一个技术性的原因是印度的劳动力人口为 15 ~ 59 岁。相应根据公式 7.6 计算出全要素生产率 TFP 及变化率。完全的产出分解见表 7.2。

表 7.2 中国和印度劳均产出的分解（PWT6.2）

年份	中国				印度			
	Δln(Y/L)	Δln(K/Y)	Δln(h)	Δlh(A)	Δln(Y/L)	Δln(K/Y)	Δln(h)	Δlh(A)
				增长率				
1980—2003	7.83	-0.19	1.58	6.44	3.37	-0.06	1.30	2.12
1980—1991	7.25	-0.89	1.70	6.44	3.16	-0.15	1.37	1.94
其中：								
1980—1985	7.51	-1.50	1.55	7.46	3.42	-0.62	1.45	2.59
1985—1991	7.04	-0.38	1.83	5.60	2.95	0.24	1.31	1.40
1991—2003	8.36	0.46	1.46	6.44	3.56	0.03	1.24	2.29
其中：								
1991—1998	9.28	-0.08	1.38	7.99	3.09	0.14	0.71	2.24
1998—2003	7.08	1.22	1.59	4.27	4.22	-0.12	1.98	2.36
				对产出的贡献				
1980—2003	100.00	-2.40	20.14	82.25	100.00	-1.66	38.68	62.98
1980—1991	100.00	-12.31	23.46	88.85	100.00	-4.83	43.35	61.47
其中：								
1980—1985	100.00	-20.02	20.61	99.41	100.00	-18.13	42.31	75.83
1985—1991	100.00	-5.46	25.99	79.47	100.00	8.04	44.37	47.59
1991—2003	100.00	5.48	17.51	77.01	100.00	0.92	34.88	64.20
其中：								
1991—1998	100.00	-0.91	14.84	86.07	100.00	4.52	23.11	72.37
1998—2003	100.00	17.22	22.41	60.37	100.00	-2.76	46.93	55.83

资料来源：根据 PWT6.2 的数据和公式 7.6 计算。其中，人力资本的数据来自表 7.1。Δln（Y/L）、Δln（K/Y）（表中实际对应的数字为 $\alpha/(1-\alpha)\times\Delta\ln(K/Y)$）、Δln（h）、Δln（A）分别表示劳均产出、物质资本密度（资本产出比）、人力资本和全要素生产率的变化率。

从表 7.2 来看，两国的资本密度（资本产出比）和人力资本基本保持不变或者保持在一个固定的增长水平上，产出的增长主要得益于全要素生产率的增长。中国 1980—2003 年劳均产出年均增长率达到7.83%，反映效率水平的全要素生产率ln（A）年均提高6.44%，对劳均产出增长的贡献达到82.25%；要素投入中，人力资本存量ln（h）年均增长1.58%，资本产出比ln（K/Y）年均增长-0.19%，其中人力资本对产出的贡献达到20.14%，而代表物质资本密度的资本产出比只占-2.4%，几乎没有影响。从印度的数字来看，劳均产出年均增长率达到3.37%，其中，ln（A）、ln（h）和ln（K/Y）的增长率分别为2.12%、1.3%和-1.66%，对劳均产出的贡献度分别达到62.98%、38.68%和-0.15%。因此，中国和印度开放以来经济增长的主要因素主要来源于效率的提高，而非要素投入。

就时间段而言，两国的增长模式表现出一定的差别。首先，我们以印度的全面自由化实施年份（1991年）和中国确立市场经济体制（1992年）为分割，将两国增长分成两个阶段。在每个阶段内我们又分别区分两个小的时间段，其中在第一个阶段，1985年为中国的改革从农村进入城市的分水岭，而印度的拉吉夫·甘地政府也在同样的时间开始了“静悄悄的改革”；在第二个阶段，以1998年为分水岭，中国1992—1997年是明确建立市场经济体制改革目标的初期，各种改革的力度更大，而1998年开始中国经济进入了首次持续通货紧缩时期，印度则表现为自由化程度的进一步深入，形成以IT和信息产业为核心的增长引擎。

从物质资本、人力资本和全要素生产率三个方面在各个阶段的表现来看：

第一，物质资本。尽管从整个观测期内资本产出比变化不大，整个期间均值，中国为1.93，印度为1。根据ManKiw等（1992）的研究，资本边际产出与资本密度成反比，即 $MPK=\alpha/(K/Y)$，反映出印度资本利用效率比中国更高。但是从两个大的阶段来看，两国20世纪90年代以来资本产出比的增长速度明显提高，对劳均产出增长的贡献也由负转正，进一步细分，两国在1985年以后到

90年代初，经历了资本积累的增速发展阶段，1991—1998年，由于全要素生产率的提高，印度资本产出比开始下降，而中国维持在较低的增速比例，1998年以来，印度的资本产出比开始下降，而中国出现了较大幅度的上升。

第二，人力资本。两国以教育回报衡量的人力资本保持稳定的增速，但是由于中国的起点相对较高，目前印度的人力资本质量仍低于中国，不过从表7.2可以看出，20世纪90年代后半期以来，印度的教育回报有了明显的提高，增速超过中国，1998—2003年增长率达到1.98%，人力资本对劳均产出增长的贡献度首次超过中国，达到34.88%，而中国的人力资本增长率在第二阶段表现为增幅放慢的趋势，尽管1998—2003年有所回升，达到1.59%，但是仍低于第一阶段的1.7%的水平，对劳均产出增长的贡献度从1991—1998年的14.84%提高到22.41%。

第三，全要素生产率（TFP）。仍以上面划分的两个阶段计算，1980—1991年中国和印度的TFP变化率为6.44%和1.94%，而1991—2003年中国的TFP变化率保持不变，但是对劳均产出的贡献度下降到77.01%，印度的TFP增长率则提高到2.29%，对劳均产出的贡献度由第一阶段的61.47%提高到64.2%。表7.3归纳了近期一些关于中印TFP增长率研究的成果。其中，关于印度的数字结论较为一致，1991年实行自由化政策以来，印度的TFP增长率有了较大幅度的提高，成为经济增长的主要源泉。但是关于中国的数字，特别是第一阶段的数字有较大的分歧。一种观点认为，与印度相比，中国经济增长对投资的依赖程度比对效率提升的依赖程度要高。事实上，在过去20年间，中国劳均产出增长中，TFP所占的比重要比印度更大，这与Bosworth and Collins（2007）的观点不谋而合。另一种观点认为，中国的全要素生产率在20世纪90年代以后出现明显下降，如Jorgenson and Vu（2005）。就本书的实证来看，尽管由于较高折旧率的计算误差可能会高估80年代初期的资本产出比，不过就趋势而言，中国在80年代末到90年代中后期经历了较大幅度的TFP增长，1989—1998年年均TFP增长率达到8.23%，而印度的TFP加速增长势头从1991年以来一直持续到20世纪末，年均增长率达到3.36%。中国从90年代末期开始，印度从21世纪初以来，TFP增长率增速有放缓的趋势，但是从总体情况上看，中国仍好于印度。

表7.3　　中国和印度的TFP增长率　　单位:%

	中国		印度	
Jorgenson and Vu (2005)	6.33 (1989—1995)	2.49 (1995—2003)	2.06 (1989—1995)	2.49 (1995—2003)
Virmani (2002)			2.5 (1980/1981—1991/1992)	3.6 (1991/1992—2003/2004)
Hu and Khan (1996)	3.9 (1979—1994)			
World Bank (2004)			1.3～1.5 (1979/1980—1997/1998)	2.4～2.8 (1994/1995—1996/1997)
Bosworth and Collins (2007)	农业 1.8	1.8	农业 1.0	0.5
	工业 3.1	6.2	工业 0.3	1.1
	服务业 2.7	0.9	服务业 1.4	3.9
	(1978—1993)	(1993—2004)	(1978—1993)	(1993—2004)

资料来源：根据有关文献归纳整理。

本书印证了一个观点，即中印改革开放以来，经济效率提升是形成快速经济增长的最主要原因，这个结果与传统的以索洛增长分解方程为基础进行估计的结果差别很大。本章在第2节将提出这个结果与快速的制度变迁相关，这里探讨一些直观的原因。

从形成上述差异的原因来看，一个重要的原因是中国制造业在国民经济中所占的份额较大，而制造业的总固定资产投资额无疑要高于农业和服务业。值得注意的是，与一些学者认为中国，特别是80年代，存在过度投资和资本浪费的观点相反，本书计算出的中国的资本产出比一直维持在1.9左右的水平。近年来稍有增加，与中国增加对资本密集型的基础设施以及房屋的投资等举措有关。

从长期来看，中国主要面临劳动力供给数量减少的问题以及维持高的储蓄和投资率的压力。中国自20世纪70年代实行计划生育政策以来，主要工作年龄（15～59岁）的人口有较大幅度下降，2005年在总人口中所占的比重为67.7%，预计2050年进一步下降到53.3%（United Nations，2006），依存率将从57%上升到88%。而根据世界银行的数据，2004年中国的投资和储蓄率已经分别达到GDP的42%和39%。中国的在未来的增长中，将面临资本投入供给的压力。另外，诚如Perkins（2005）指出，中国仍有超过一半的劳动力从事农业和乡村经济活动，非农劳动力的增加依赖于未来十年高中和大学教育发展水平。也就是说，未来中国要维持在8%～10%的增长率，必须进一步依赖包含技术进步的全要素生产率的提高。

就印度而言，上述的情形似乎不存在，预计15～59岁的劳动力将从2005年的60%增加到61%，相应依存率从67%下降到64%（United Nations，2006）。同时，由于印度的人均受教育程度低于中国，追赶过程仍将继续。印度从事农业和低生产率经济活动的人口依然占很大比例，根据2001年印度普查统计，大约77%的劳动力依然居住在农村，58.5%的劳动力以种地为生。相比中国，印度具有更大的从劳动力的跨部门流动中获益（生产率提高）的潜力。此外，印度的储蓄率和投资率分别为GDP的23%和24%[①]，因而就未来资本投入而言，印度的前景更为乐观。然而印度面临的主要问题是产业结构发展与劳动力发展不匹配的“怪圈”。Panagariya（2006）将许多观察者关于印度基于大量熟练劳动力而跳过

① 此处是世界银行数据，根据印度官方报告的数据，两者为30%（印度中央统计组织CSO，2006）。

工业化，直接跨越到服务业的发展模式形容为“没有遵循韩国的发展道路而直接成为美国”。即使适当的政策能为农村的剩余劳动力提供获得高经济增长部门（如银行、保险、通信和IT部门）的就业机会，这往往也是不能实现的，因为这些正式服务部门需要至少大学以上并且经过职业培训的熟练劳动力，这至少与现存印度的劳动力状况不符。农村剩余劳动力仅能为印度工资和生产率较低的非正式服务业提供人力资本，这也是印度IT和通信产业在经过十年的高速发展之后依然只占GDP的3.1%的原因之一（2000年），而该年整个服务业占印度GDP的份额为50%。因此，印度服务业的现代化主要依赖于与高经济增长部门适宜的劳动力的匹配水平。然而，劳动力知识结构的转变不是一蹴而就的，在无法衔接的空白时空，工业化的步骤对印度来讲是必不可少的。

7.2 制度与物质、人力资本和技术进步关系的时间序列检验

通过对劳均产出进行分解，我们将两国经济增长率的差异分解为解释经济增长的“近因”，即物质、人力资本和全要素生产率的差异，但为什么会出现这些差异？本书的一个核心假设是：决定一国经济增长的根本原因是制度，正是制度以及在制度影响下制定的政策为经济活动中的个人和企业提供了激励，从而鼓励诸如技能积累、新产品和生产技术开发等生产活动的进行，并防止诸如寻租、腐败和偷窃等掠夺性行为的发生（Hall and Jones，1999）。很多学者（Murphy，Shleifer and Vishny，1991；Acemoglu，1995；Ljungqvist and Sargent，1995；Grossman and Kim，1996；Hall and Jones，1999）都从理论建模方面估计了制度对经济增长的影响，但是由于制度本身面临衡量的困难，估计结果往往并不能提供确定

的信息或结论。

本书试图应用计量经济学的方法对中印经济增长的制度影响因素估计作一些尝试。从估计的方法而言，如果单纯用最小二乘法对经济增长和制度进行回归可能并不完善，并出现虚假回归现象，使得不存在任何关系的变量呈现显著的回归结果（Granger and Newbold，1974）。因为最小二乘法只适用于平稳变量间的关系，而几乎所有宏观经济变量都是非平稳的，具有时间趋势。因此，对时间序列数据回归之前，首先要进行单位根检验，对变量的平稳性和趋势性进行判断，然后对回归的结果进行协整分析，判断检验变量间是否存在长期相关关系是必要的。

7.2.1 模型、数据说明和估计结果

我们首先建立将 ln（K/Y）、ln（h）、ln（A）分别作为被解释变量，各种制度指标 ln（INS_i）作为解释变量的时间序列模型：

$$\ln\left(\frac{K}{Y}\right)_{it} = \beta_{01} + \beta_{11}\ln INS_{1it} + \beta_{21}\ln INS_{2it} + \cdots + \beta_{61}\ln INS_{6} + u_{1it} \tag{7.8}$$

$$\ln h_{it} = \beta_{02} + \beta_{12}\ln INS_{1it} + \beta_{22}\ln INS_{2it} + \cdots + \beta_{62}\ln INS_{6it} + u_{2it} \tag{7.9}$$

$$\ln A_{it} = \beta_{03} + \beta_{13}\ln INS_{1it} + \beta_{23}\ln INS_{2it} + \cdots + \beta_{63}\ln INS_{6it} + u_{3it} \tag{7.10}$$

式中，$(K/Y)_{it}$ 为资本产出比；h_{it} 为以教育回报表示的人力资本；A_{it} 为全要素生产率；i 为国别；t 为年份；$\beta_{01}-\beta_{03}$ 为常数项；$u_{1t}-u_{3t}$ 为残差。

很久以来，制度概念的抽象性造成制度的量化一直是一项很困难的工作。由于各国学者对制度的内涵理解不同，不存在一个统一的标准来规范制度的具体口径。表 7.4 列举了目前几种高使用频度制度评价指标数据库和可获得年限的情况，从表 7.4 中可以看出大

部分制度指标是从20世纪90年代后期开始编制的，这也与制度经济学的发展历程相符，适用于时间序列的只有ICRG、EFW、Freedomhouse指数和Polity Ⅳ四种，两国的Polity Ⅳ虽然是很好的反映政治制度的指标，但是在本书的观测期间表现为常数，不能用于对制度变迁的分析。

表7.4 制度指标的衡量及可获得年份

指　　数	可获得年份	出版周期
国家风险指南(ICRG)	1984—2004	月度
治理指数(World Bank)	1996,1998,2000,2002—2006	年度
世界经济自由(EFW)	1980,1985,1990,1995,2000—2006	年度
经济自由指数(heritage)	1995—2007	年度
自由屋指数(freedomhouse)	1972—2007	年度
Polity Ⅳ	1980—2004	年度
腐败指数(CPI, Transparency International)	1995—2007	年度

资料来源：作者根据相关资料整理。

本书根据文献综述部分，将制度划分为制度质量、政治制度和经济制度（市场制度）的分类方法，选取六个制度指标。其中INS_1（*Law and Order*，法治）和INS_2（*Corruption*，腐败）表示制度质量，来自国家风险指南（*International Country Risk Guide*，ICRG)，分值为0~6，0代表风险最高，6代表风险最低；INS_3为衡量政治制度的复合指标——民主自由指数，由公民自由指数和民主指数加权平均求得，其中公民自由指数（*Civil Liberties Index*）来自自由屋指数（*Freedom House Index*），分值为1~7，1为最不自由，7为最自由，民主指数来自Polity Ⅳ，分值为0~10，10为最不民主，0为独裁；① INS_4（*Size of Government*，政府规模）、INS_5

① 选取这个复合指数而不是两个单独的衡量指标的一个初衷是，两国的政治制度存在很大差异，但是反映这一差异的最重要指标之一——民主指数，在本书的观测期内为一个常数。

（*Access to Sound Money*，货币的稳健性）和 INS_6（*Regulation of Credit*，*Labor and Business*，信贷、劳动力和商业管制）表示市场制度，来自世界经济自由指数（*Economic Freedom of the World*，EFW），分值为 0～10，具体说明见第 5 章第二节，由于 1980—2000 年的数据为每五年编制一个，缺失的数据通过拉格朗日插值法补足。另外，由于来源不同，各种指标分值标准不一样，本书对之按比例进行了调整。

为了避免虚假回归的存在，首先对 ln（K/Y）、ln（h）、ln（A）、ln（INS_1）－ln（INS_6）进行单位根检验。目前单位根检验的方法较多，我们采用 ADF（*Augmented Dickey-Fuller*，增广的迪基—福勒检验）方法进行序列单位根检验。ADF 单位根检验是基于以下的回归方程：

$$\Delta_{xt} = a_0 + a_{it} + (\rho - 1)_{xt-1} + \sum \beta_i \Delta_{xt-i} + \varepsilon_t \qquad (7.11)$$

原假设 H_0：$\rho = 1$，备选假设 H_1：$\rho < 1$。接受原假设意味着时间序列含有单位根。对变量的检验结果见表 7.5。

表 7.5　　单位根 ADF 检验结果

变　量	中　国		印　度	
	ADF 检验	5%显著水平临界值	ADF 检验	5%显著水平临界值
$\frac{\alpha}{1-\alpha}$ ln（K/Y）	-1.8021	-3.0114	-1.5723	-3.114
ln（h）	-0.5150	-3.0114	0.1839	-3.0114
ln（A）	-0.8524	-3.0114	-0.6272	-3.0114
ln（INS_1）	-1.0684	-3.0114	-1.3514	-3.0114
ln（INS_2）	-1.2370	-3.0114	-1.1287	-3.0114
ln（INS_3）	-1.4304	-3.0114	-1.5100	-3.0114
ln（INS_4）	-3.3606*	-3.0114	0.6590	-3.0114
ln（INS_5）	-0.3716	-3.0114	-0.4817	-3.0114
ln（INS_6）	-0.6368	-3.0114	-2.4313	-3.0114

注：* 为不存在单位根。

从表7.5的检验结果可知，对于除中国的ln（INS_4）外的所有其他序列，在5%的显著性水平上存在单位根的原假设无法拒绝。将存在单位根的序列一阶差分后，除中国的ln（INS_4）外所有变量在5%的显著水平上，可以拒绝非稳态的原假设（见表7.6）。因而除中国的ln（INS_4）外所有变量序列都是一阶单整序列，即I（1），可以对这些变量间进行协整检验。

表7.6　　单位根ADF检验结果（一阶差分）

变　量	中　国		印　度	
	ADF检验	5%显著水平临界值	ADF检验	5%显著水平临界值
$\frac{\alpha}{1-\alpha}\ln(K/Y)$	-4.7766	-3.0199	-3.3027	-3.0199
ln（h）	-6.6295	-3.0199	-3.3656	-3.0199
ln（A）	-4.6329	-3.0199	-3.9098	-3.0199
ln（INS_1）	-3.1210	-3.0199	-3.8133	-3.0199
ln（INS_2）	-3.2416	-3.0199	-4.1232	-3.0199
ln（INS_3）	-4.2426	-3.0199	-4.2426	-3.0199
ln（INS_4）	—	—	-3.3265	-3.0199
ln（INS_5）	-3.6337	-3.0199	-5.3821	-3.0199
ln（INS_6）	-5.1197	-3.0199	-6.7968	-3.0199

我们利用OLS方法估计变量之间的关系，采用按t统计量值显著性水平逐步剔除的方法确定自变量与因变量之间的关系（见表7.7）。

协整检验从检验的对象上可以分为两种：一种是基于回归系数的协整检验，如Johansen协整检验；另一种是基于回归残差的协整检验，如CRDW检验、DF检验和ADF检验。本书采用的是Engle and Granger（1987）提出的协整检验方法。这种协整检验方法是对回归方程的残差进行单位根检验。从协整理论的思路来看，自变量和因变量之间存在协整关系。也就是说，因变量能被自变量的线型组合所解释，两者之间存在着稳定的均衡关系，因变量不能被自变量所解释的部分构成一个残差序列，这个残差序列应该是平稳的。因此，检验一组变量之间是否存在协整关系等价于检验回归方程的残差序列是否一个平稳序列。通常地，可以应用 ADF 检验来判断残差序列的平稳性，进而判断因变量和解释变量之间的协整关系是否存在。估计方程见 7.12 ~7.14。本书利用前面的 OLS 估计结果，计算出每一回归方程的残差，最终结果见表 7.8。各个方程的回归系数均在 5% 的显著水平上拒绝有单位根的假设。说明变量之间具有协整关系。这意味着经济增长与制度之间存在长期相关关系，进而表明变量之间存在某种因果关系。

表 7.7　中印制度与物质资本、人力资本和全要素生产率的回归结果

	中国			印度		
	$\frac{\alpha}{1-\alpha}\ln(K/Y)(1)$	ln(h)(2)	ln(A)(3)	$\frac{\alpha}{1-\alpha}\ln(K/Y)(4)$	ln(h)(5)	ln(A)(6)
$\ln(INS_1)$			0.9753 (8.0466)			-0.1261 (-2.6549)
$\ln(INS_2)$	-0.0982 (-3.3722)		-0.33412 (-3.7259)			
$\ln(INS_3)$		-0.0491 (-4.1085)	-0.2033 (-3.2347)		-0.4637 (-4.5799)	
$\ln(INS_4)$				0.2157 (7.8207)		0.4772 (5.6700)
$\ln(INS_5)$		0.2568 (4.0345)	1.0243 (3.2833)	-1.2180 (-6.6437)	2.3262 (13.3760)	1.8324 (3.7676)
$\ln(INS_6)$	0.1933 (3.6515)	0.4413 (10.9043)		0.3086 (3.7389)	-0.3582 (-3.1935)	
C	0.4615 (4.7048)	-0.2096 (-2.2815)	3.6441 (4.9264)	1.4197 (5.3859)	-2.4246 (-7.1450)	3.9738 (4.7081)
R^2	0.4971	0.9575	0.9441	0.7875	0.9332	0.9196
DW 统计量	1.3482	1.7719	1.5828	1.6194	1.8763	1.2410
F 统计量	9.3909	135.3224	71.8110	22.2413	83.8034	68.6267
Prob	0.0015	0.0000	0.0000	0.0000	0.0000	0.0000
样本数	22	22	22	22	22	22

注：横排标题内的括号表示 6 个回归方程的序号。表格内容括号内为 t 值。表 7.7 中所列出的指标均为在 5% 置信水平下显著。

$$\Delta\hat{u}_{01} = C_1 + \Delta u_{01,t-1} + \varepsilon_{01} \tag{7.12}$$

$$\Delta\hat{u}_{02} = C_2 + \Delta u_{02,t-1} + \varepsilon_{02} \tag{7.13}$$

$$\Delta\hat{u}_{03} = C_3 + \Delta u_{02,t-1} + \varepsilon_{02} \tag{7.14}$$

表 7.8　　协整检验（残差序列的平稳性检验）

回归方程	ADF 值	5% 显著水平 Mackinnon 临界值
（1）中国 ln（K/Y）	-3.6310	-3.0114
（2）中国 ln（h）	-3.8181	-3.0114
（3）中国 ln（A）	-4.0575	-3.0114
（4）印度 ln（K/Y）	-3.5807	-3.0114
（5）印度 ln（h）	-4.0779	-3.0114
（6）印度 ln（A）	-3.1240	-3.0114

表 7.9　　解释变量的相关系数矩阵（中国）

	ln（INS_1）	ln（INS_2）	ln（INS_3）	ln（INS_4）	ln（INS_5）	ln（INS_6）
ln（INS_1）	1.0000	-0.3981	-0.0741	0.7445	0.3173	0.7912
ln（INS_2）	-0.3981	1.0000	-0.5416	-0.2295	-0.7990	-0.7904
ln（INS_3）	-0.0741	-0.5416	1.0000	-0.1264	0.4619	0.1784
ln（INS_4）	0.7445	-0.2295	-0.1264	1.0000	0.0281	0.5480
ln（INS_5）	0.3173	-0.7990	0.4619	0.0281	1.0000	0.7061
ln（INS_6）	0.7912	-0.7904	0.1784	0.5480	0.7061	1.0000

表 7.10　　解释变量的相关系数矩阵（印度）

	ln（INS_1）	ln（INS_2）	ln（INS_3）	ln（INS_4）	ln（INS_5）	ln（INS_6）
ln（INS_1）	1.0000	0.0520	-0.1351	0.7294	0.4200	-0.2324
ln（INS_2）	0.0520	1.0000	-0.1068	-0.4090	-0.5605	0.0954
ln（INS_3）	-0.1351	-0.1068	1.0000	-0.1694	0.3828	0.5388
ln（INS_4）	0.7294	-0.4090	-0.1694	1.0000	0.7488	-0.5003
ln（INS_5）	0.4200	-0.5605	0.3828	0.7488	1.0000	-0.0539
ln（INS_6）	-0.2324	0.0954	0.5388	-0.5003	-0.0539	1.0000

另外，由于本书参与回归的变量数目较多，方程中可能存在严重的多重共线性问题。如果真如此，则有些回归系数的准确性和稳定性就值得怀疑。从经验看，相关系数超过0.8会有严重的共线性现象发生。鉴于此，表7.9和表7.10给出了两国各个解释变量的简单相关系数矩阵。可见，各个解释变量间的相关系数均低于0.8，这使得我们的回归结果更加稳健和可信。

7.2.2　结果分析

从表7.5的回归结果来看，两国对经济增长各因素起作用的制度及制度配合有很大差异。从总体上来看，对两国增长要素起主要作用的是市场制度的改善。从图7.2和图7.3两国制度的各项得分可以看出，表示政治制度的民主自由指数（INS_3）在观测期变化很小。反映制度质量的法治（INS_1）在20世纪90年代有所提高，但是1995年达到峰值以后，基本稳定在一定水平，而腐败指数（INS_2）随着改革开放的加深有恶化的趋势。相比而言，两国反映市场自由度的三项指标：政府规模（INS_4），货币的稳健性（INS_5），信贷、劳动力和商业管制（INS_6）有很大程度的提高。

从具体指标来看，两国的市场制度变迁是通过不同的途径实现的，中国主要表现为货币的稳健性及信贷、劳动力和商业管制有很大程度的提高，而印度则表现为政府规模的自由度提高。从三项市场制度指标的具体内容来看（见表7.1），政府规模具体包括政府消费占总消费的比例、政府转移支付和补贴占GDP的比例、国营企业和投资占GDP的比例和最高边际税率。该指标反映出一国依赖个人选择和市场，而不是政治过程和政府行为来分配资源、产品和服务的程度。政府规模越大，经济的自由化程度越低。货币的稳健性具体包括货币供给的增长、通胀率的变化和居民拥有外币账户的自由。信贷、劳动力及商业管制包括私有银行存款的比重、面对外国银行的竞争、信贷扩展到私有部门的比重、利率控制和管制的

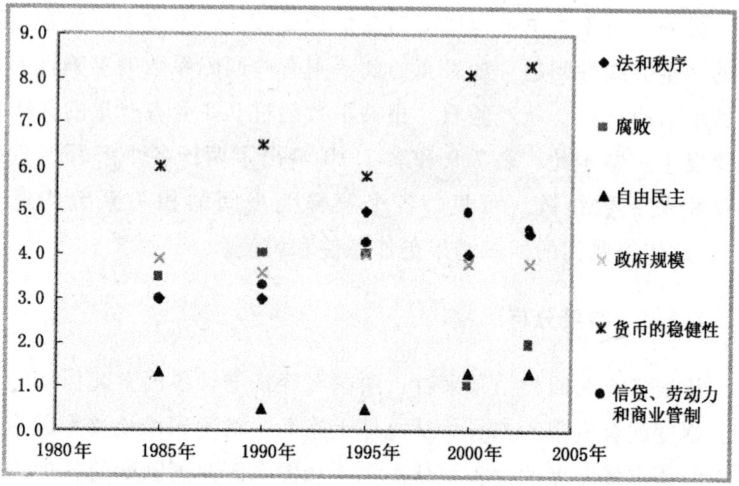

图 7.2 中国各项制度指标得分

资料来源：Governance Indicators IV、Economic Freedom of World（2007）、Freedom House Index。

回避、最低工资的作用、员工的聘用和解聘是否由合同决定、工资由劳资双方谈判决定的劳动力所占的比重、聘用和解聘的弹性、集体交涉、失业福利、兵员征募制、企业自由定价的程度、政府行政管理环境和新企业、政府官僚的效率、企业新设的难易程度以及商业中不正常的、额外的支付。该指标反映了国内市场自由化的程度。

由于本书的回归分析采用对数的形式，因而制度变化与产出要素变化的系数反映为弹性，即产出要素的变化对制度变化的敏感性。下面，我们分别从单个制度和制度配合两个角度分别说明。

首先，就单个制度而言，从对资本产出比的回归结果上看，对比表 7.7 方程（1）和（4），促成两国资本产出比变化的制度因素有很大不同。对印度资本产出比表现为显著性的是各项市场制度，其中最为显著的是政府规模的变化（INS_4），各项管制的放松（INS_6）对资本产出比的提高也起到一定作用，而货币的稳健性

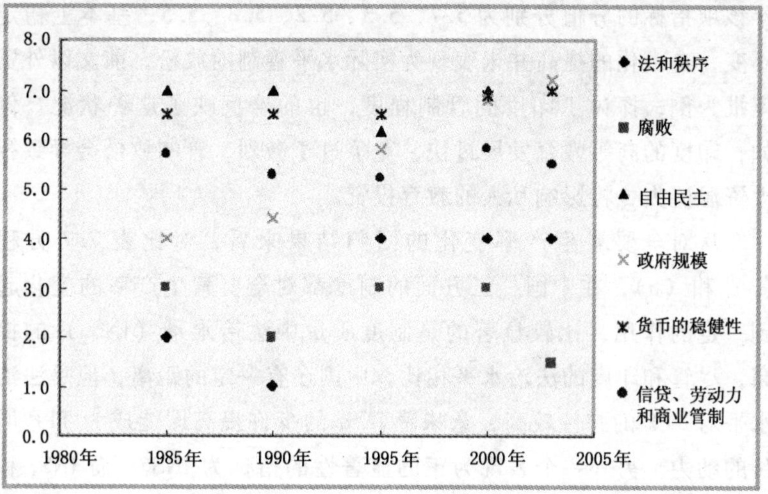

图 7.3　印度各项制度指标得分

资料来源：Governance Indicators IV、Economic Freedom of World（2007）、Freedom House Index。

（INS_5）则表现为负的相关性。该指标的提高意味着国家的货币管理制度更为稳健和自由，使投资更趋向于一种市场行为，合理抑制了非理性的投资。而在中国政府规模和货币稳健性的变化对资本产出比的变化（K/Y）表现为不显著。另外，反映制度质量的指标腐败指数（INS_2）对中国的资本产出比的提高起到了一定的抑制作用。

从对人力资本的回归结果上看，对比表 7.7 方程（2）和（5），两国表现为显著的制度指标一致，其中 INS_3 作用的方向一致，即民主自由对人力资本的提高表现为负的显著性。而在起作用的两项市场制度指标中，INS_5 在两国同时表现为正的显著性。与中国不同，印度各项管制的放松（包括劳动力市场管制）并非促进人力资本提高的主要原因，相反，表现为负的显著性，对比图 7.3，我们看到印度在 1985 年、1990 年、1995 年、2000 年和 2005

年该项指标的分值分别为5.7、5.3、5.2、5.8、5.5，基本上稳定不变，自由化的提高并未表现为实际水平管制的放松，前文以外资审批为例，探讨了印度的管制程度，也的确反映了这种状况。例如，印度的高等教育发展过快，竞争过于激烈，管制放松会导致智力资源流失，将影响私人的教育投资。

从对全要素生产率变化的回归结果来看，对比表7.7方程（3）和（6），在中国，三方面的制度都对全要素生产率的变化起到一定的作用，比较显著的是制度质量中法治水平（INS_1）的提高，尽管和印度的法治水平相比，中国还有一定的距离，但是法治水平对TFP的弹性较高，意味着INS_1的少许提高即能成为TFP增长的动力。另外一个表现为正的显著性的指标为INS_5，而INS_2和INS_3则呈现为负的显著性。这在一定程度上印证了腐败曾在亚洲一直被认为是推动经济发展的润滑剂的观点，而公民自由的提升往往不利于政府在短期内配置资源，进行基础设施等建设。在印度，比较显著的是政府规模INS_4的改善，另外与中国一样，INS_5对也表现为促进作用，而INS_1表现为负的显著性。受程序性民主体制的影响，印度的政策和制度执行质量一直是不容忽视但是又鲜有改进的问题。Srinivasan（2006）年指出，按照Sachs and Warnar（1995）提出的开放标准判别，印度还是一个封闭的国家，但是经济增长率较开放程度高的拉美和非洲国家增长率高，主要原因是制度，而且由于遵循一条渐进改革的途径，制度的少许变化均可能释放经济增长的能量。而印度最重要的改革是刺激私有部门的发展，正是这一原因造成了20世纪80年代以来印度经济的加速增长。我们注意到INS_4指标中包括国营企业和投资占GDP的比例和最高边际税率等刺激私人部门发展的指标，而在所有的制度中，该项指标对印度TFP增长变化最为显著。

从制度配合的整体影响上看，根据Granger（1969）提出的方法，将两国各项制度与产出要素的回归系数分别相加，我们可以看到，印度的各项制度配合对资本产出比的增加起到一定的抑制作用，但是由截距项所代表的其他因素（C）起到一个固定的促进作用，总体上资本产出比仍表现为一阶单整过程，具有上升趋势。对比表7.2，1985—1998年间，印度的资本产出比的确有了一定幅度上升，中国的各项制度配合以及固定效应的作用均反映为微弱的促进作用。制度配合对人力资本的影响在两国也呈现出差异，尽管固定效应为负，但总体上，中国的各项制度配合对人力资本的提升起到了一定的促进作用；而在印度，尽管各项制度配合（主要是INS_5）对人力资本增加起到促进作用，但是由截距项所代表的其他因素起到了一定的抑制作用，降低了制度配合促进人力资本增加的效果。从各项制度配合对全要素生产率的回归结果上看，两国的制度配合和固定效应均有显著的促进作用，证明了制度配合是促进两国经济增长的主要原因之一。

通过上述回归结果，我们可以得出如下结论：

第一，对两国产出要素起最重要作用是市场制度的变化，但是两国作用于产出各要素的制度结构和制度变迁速度各不相同。意味着虽然两个国家的制度和制度变迁表现出各自不同的特征，但是市场制度在经济绩效的改进中扮演着重要角色。

第二，在具体的制度上，反映货币稳健性的货币管理制度对两国TFP和人力资本增长均起到了一定作用，这在一定程度上反映了两国政府的作用。对于发展中国家来说，政府除了像工业化国家的政府那样提供公共物品和公共服务，以及进行宏观经济调控以外，还需要承担起促进经济发展的责任，有重点有选择地调节产业发展、支持生产投资等等。另外，中国的国内自由化程度的提高和法治水平的改善对促进产出增长的作用比较明显；而印度政府规模的减小则是影响产出增长的关键。

第8章 结论

本书应用跨学科和跨领域的的研究方法，从理论和实证两个方面探讨了中印开放与增长路径的差异及原因，提出了一个中心命题，即并非开放直接导致了这些差异，而是开放的制度环境作用到开放与经济增长的联系机制的链条，导致了两国经济增长路径和效果的差异，而且在制度环境中不是单个制度而是制度配合作为深层次原因影响了两国的要素积累和技术进步，这些经济增长的“近因”，进而导致经济增长路径出现差异。本章归纳一下主要结论，并对未来的研究提出一些思路。

8.1 主要结论

本书的主要结论可归纳为如下八个方面：

第一，新古典经济学和新增长理论都无法信服地解释中、印两个历史上经济基础相似的国家在开放后出现增长路径差异的原因。理解开放（无论是贸易的还是金融的）与经济增长的联系机制对于解决这个问题是非常必要的，开放可以通过多种途径影响增长，而且这种影响是有条件的，那就是好的制度环境。同时，制度并不是无条件促进经济增长。不同的制度对经济增长有不同的刺激渠道，各国的制度环境取决于各种制度安排（政治制度、经济制度、制度质量、非正式制度）的配合以及制度变迁的过程，这些差异导致各国经济发展水平的不同，以及相同发展水平的国家增长渠道的不同。

第二，从上述考虑出发，笔者在总结相关研究的过程中发现，随着制度经济学的发展，经济增长的影响因素逐渐被解析为两部分：即“近因”（如要素积累、技术进步）和深层原因（开放、制度和地理），支持“开放假设”与支持“制度假设”曾经作为两种对立的观点出现在对经济增长原因以及跨国经济增长差异的考证中。而通过研究近期文献我们发现，在经济增长理论和实证中，开放与制度并不是孤立的两个概念，开放只是为发展中国家的经济增长提供了更多的机会，但远不是一个充分因素，真正实现增长需要一定的限制条件即制度配合。从上述意义上讲，将研究主体上分为两个部分是非常有必要的，即首先研究开放的制度环境，关注不同类型的开放在不同的国家需要哪些制度配合，这些制度配合对开放的过程和效果产生什么样的影响；其次研究制度环境以及制度变迁如何分别影响经济增长的“近因”，即要素积累和技术进步、物质资本和人力资本。这样一方面发现了制度配合对开放效果的影响，另一方面更细致地解释了不同制度对产出要素的不同影响，更细致地解释了两国经济增长路径差异的真正原因。

第三，为了全面揭示两国开放后经济增长路径出现差异的原因，本书采用了广义的开放和制度的概念。其中开放概念的扩大影响到开放的制度环境的构建，比如，将两国金融开放和贸易开放进行对比，能够发现一些值得思考的结果。尽管相对贸易开放而言，经济增长对金融开放的敏感度更低，但依然不难找到金融开放有利于经济增长的结论，但是这个结论是有条件的，即国内制度环境的配合，而且金融开放除了要受制于国内制度质量和制度配合的影响，更受制于国内金融发展状况的影响。尽管国内的金融发展状况也会对贸易开放产生影响，但是前者作用强度显然对金融开放更为直接和深远，这也是为什么金融开放与经济增长的关系比贸易开放与经济增长的关系更难以捕捉的原因。而将制度区分为两个层次（基本制度和具体制度）和三个类型（政治制度、市场制度和制度质量），是基于两国不同制度初始状况使然。用制度来解释经济增长路径的差异本来就基于认为影响经济增长的原因是复杂的这一假设的基础上，每种制度都可能对经济增长产生间接的影响。

第四，开放作为政府政策的一部分是需要与国内制度环境相配合的。但是开放的效应不仅仅停留在静态的层面上，开放对制度变迁的促进作用是不容忽视的。而政治经济学的分析有助于揭示制度和政策选择的作用过程。开放的结果之一是造就了一种制度竞争的氛围，一国一旦决心加入国际经济体系，势必要努力提高自身的竞争力和吸引力，吸引更多的生产要素和技术。而能促进加速创新反应和低成本协调的、明晰的制度环境无疑将获利丰厚。开放的结果之二是使国家政区主体得到了退出选择权，这削弱了政府的权力。制度（具体层面是经济政策）作为约束个人经济行为的基本规则，必然对每一个利益主体都带来深远影响。但制度最终均衡的结果却往往不是某一利益主体所能单独决定的，而是多方利益主体相互博弈的均衡结果。从这个意义上讲，开放可以成为寻租活动的有效解药。封闭的政治系统和经济系统一旦开放，制度就必须改变，权势集团会丧失舞台。

第五，从两国具体的制度配合的角度，我们可以对当前困扰中印比较问题中的几个难题作出初步解释。比如，为什么中国的经济增长一直快于印度，以进出口总额占 GDP 的比例测度的贸易开放度也明显高于印度，外资流入是印度的十倍？从制度配合的角度可以从一定程度解释这个原因。例如，印度虽然有民主的政治体制、相对中国更健全的法律体制，但是在市场制度方面表现为僵化和顽固。在中国和印度这样劳动力作为丰裕要素的国家，外资一般会流向顺比较优势的产业，以非熟练劳动为主体的产业将具有更大的获利空间。中国正是靠制造业的外资流入，实现出口和经济绩效的卓越表现。而印度的制造业劳动力市场由于受《劳资争议法》的保护，造就了一大批劳动贵族，不仅生产效率低下，而且阻碍了其他工人进入制造业部门，更无法吸收农村剩余劳动力。在这里，健全的法律体制与民主、劳动力市场管制发生了不恰当的配合，不仅影响了开放的效果，也增大了制度变迁的难度。

相反，软件行业的发展却需要不同的制度配合，如高技术含量、健全的法制和金融制度、良好而悠久的教育制度等。而恰恰这些制度在印度比较健全，制度配合相对完善，加上国家产业发展目标带来的优惠政策使得软件行业的外资能在这些制度的配合下与印度的低成本的、讲英语的熟练劳动力群体等要素禀赋相结合，并且印度与欧洲和北美在时差上有互补优势（印度全天24小时都存在与欧洲和美洲发生商务联络的可能性），以及来自本土发展迅速的软件企业创造的竞争环境，使高质量的外资流入软件部门，推动“软件大国”的崛起。

本书的另一个发现是，外资流入是受非正式制度影响最深、因而也是对制度环境最为敏感的开放形式之一。由于殖民地的阴影和计划经济时代形成的自力更生观念，印度在对外资开放上设置了正式制度、非正式制度和制度的实施三重防护体系。其中允诺开放但又同时制定例外条款构成了正式制度方面的最主要的防护体系。正式制度方面的防护体系还包括《外汇管理法》遗留下来的要求技术输入的传统，对外资的技术投入加以限制。在非正式制度和制度的执行方面，无效率的磋商机制和僵化的审批制度抑制了外国投资者的热情。

第六，经济增长是一个复杂的社会现象，其影响因素众多，层次也比较复杂。本书运用将新古典增长理论、新增长理论与新制度经济学相结合的方法，分解出不同制度对劳动、物质（人力）资本和技术进步等经济增长的“近因”的决定作用。印证了新制度经济学提出的制度对经济增长的联系机制主要反映为一种激励机制，使个人和组织有动力投资于物质和人力资本，采用更有效的技术的观点。落实到影响中、印两国经济增长路径差异的具体制度，得出对两国产出要素起最重要作用的是市场制度的变化，但是两国作用于产出要素的各种制度和制度变迁速度各不相同的结论。

第七，出现上述差异的制度原因与制度变迁的“路径依赖”密不可分。尽管在建国后到开放前两国经济增长并未出现显著差异，但各项制度基础具有很大的差异。如印度靠许可证实施的管制体系、制度形成的调和主义特征，中国的政企职责不分造成的国有企业的效率低下等，这些旧制度所规定的社会运行范式对制度变迁的方向与速度具有锁定的作用，而正是由于这些路径依赖的锁定作用，决定了两国在开放后的经济增长的效果的差异。

第八，出现上述差异的另一制度基础是除两国在具有发展中国家制度缺失、制度配合失调和制度均衡陷阱的共性特征外，还各自具有自己的特征。中国贸易开放的制度环境和变迁深深地刻上了转型的烙印，反映出为改革开放保驾护航的特征。而印度由于其特有的自力更生、僵化的、调和的以及要求共识的制度环境和变迁模式，制约了其在 WTO 框架下开放的速度和程度。但是，如果找到恰当的制度配合点，在既有开放的制度框架下寻求制度变迁的可能将会成为印度经济增长的动力。在渐进性改革和开放的问题上，由于两国固有体制造成的政府作用不同，中国的渐进性与制度转型密不可分，而印度追求“技术性共识”的制度选择特征往往导致政府主导的诱致性变迁的失效。

8.2 未来的研究问题

从制度角度分析中国和印度经济增长路径的差异还是一个刚刚开始的命题，受时间和篇幅的限制仍有许多问题未能展开充分的论述，另外还可能存在由于受笔者视野的限制未能考虑到的重要问题。

首先，受现有文献的局限，关于制度环境差异与经济增长差异的联系机制的问题仍未得到充分地展开和说明。Rodrik 等（2004）和 Klein（2005）都将相关的联系机制作为未来的研究方向。Acemoglu 等（2004）尝试性地提出了为什么国家之间会出现制度差异以及为什么国家不会自动为良好的制度所吸引，他们探讨了当前流行的几种观点，并认为用“社会冲突”观点来解释是合适的，但是仍未能明确提出制度差异与经济增长差异的联系机制。这也是笔者今后要思考的问题之一。

其次，正如本书第 5 章一开始指出的，对于中国和印度这样具有多个省或邦的国家，原则上应该具有多个“观测值”，但是在跨国数据中只能呈现一个观测值，而我们知道，国家层面上为特定因素提供令人满意的衡量指标是十分困难的。海勒（2005）考察了印度各邦的民主质量，发现跨区制度质量呈现出很大的差别。地区差距也是发展中大国的重要特征之一，但是如何将一国地区间经济增长路径的差异与制度联系起来，并用于跨国比较还是相当难实现的命题。在这种情况下，用于跨国比较的制度指标失效，需要用国家特有的制度指标代替，但是每个国家特有的制度指标显然各不相同。寻找能平衡上述矛盾的研究路径可以作为进一步探讨的课题。

再者，现有的关于开放的测度基本从数量方面判断，从开放的质量来考虑可能会对上述论断提出挑战，这也是近年来质疑中国的开放和经济增长的论据之一。尽管这还不是一个普遍接受的学术名词，但是部分学者已经开始了这方面的探讨，Van Hove（2006）在研究欧盟内部的双边贸易流动时使用了贸易质量（*Quality of Trade*）的名词，他认为高质量的贸易至少具有三个特征，第一是高质量的产品，第二是技术创新和扩散效应，第三是出口者/进口者的收入。Davis（2006）归纳了有价值的投资和普普通通的投资的一些区别，如资本停留的时间、是否提供就业质量、技术转移效应如何以及对国内企业发展的影响，指出东道国应该在能力范围内，尽可能吸收有价值的外资。关于金融开放的质量一般与投资类型相关，如FDI与证券投资的配比，外债数目等。由于缺乏相应文献和数据，对中印两国开放质量的考察还只能停留在思考阶段，但是直觉上可以认定良好的制度能更吸引有质量的外资。

此外，开放与制度、制度与经济增长往往不是单向的因果关系，如何区分简单的相关关系和因果关系，以及处理逆向因果关系，成了实证经济学不断挑战的问题。相当多的文献采用工具变量的方法来克服这些问题。但工具变量的选择是一个困难的命题。笔者在进行本书的研究时，考虑到一些工具变量，如用教师旷工率来代表教育制度的优劣，用金融立法来代表金融发展等，但是这些数字如何取得，采取什么样的方式取得是需要进一步思考的问题。

最后，从制度角度研究中印开放与增长路径差异的一个实用性目的是考察两国未来的发展潜力。制度经济学从产生的本源上看是对经济史中的若干问题重新解释，而后者在经济发展的若干年后已经有了清晰的结果，这样逆向地去推出发展的原因，容易具有逻辑性和可操作性。而且，制度经济学在解释基本制度的变迁时显得尤为有效。本书研究的中国和印度的“开放史”仅有二十多年，20年在世界经济的历史中只是短短地一瞬，很多制度变迁的结果可能尚未显现。未来两国制度演化的路程以及演化后的格局是怎么样的？印度的增长潜力真的超过中国吗？这都是笔者今后要考虑的问题。

值得一提的是，合意的指标与研究结果的价值性密切相关，特别是对中国和印度这两个各具特色的发展中大国而言，通过大量的抽样和现地调查，构筑有效的制度指标不仅可以从整体上把握制度对两国开放与增长路径的影响，更能区分其内部制度的不均衡发展状况。将实地调查与理论研究相结合是实现制度指标修正和完善的一个值得探索的途径，这也是笔者未来研究的课题之一。

附录 A

印度的贸易改革

时 间	措 施
1979 年	建立“开放总许可证（OGL）”体制，对非国内生产的产品列入 OGL 名单，剩下的项目分为禁止进口和限制进口两类。限制进口的项目包括要求许可证和未列入 OGL 表单但实际需要的产品。消费品一般属于禁止进口项目，“基本”的消费品、石油制品、重要的铁矿石的进口由政府成立的代理机构垄断。
20 世纪 80 年代	零星的自由化措施开始起步。包括： 1. 由政府代理垄断的进口份额从 1980—1981 财年的 67% 下降到 1986—1987 财年的 27%，允许制造业企业更易于扩大机器和原材料的进口； 2. OGL 表单范围不断加大，由 1980—1981 财年的 5% 增加到 1987—1988 财年的 30%； 3. 放松工业管制，通常出于可利用外汇的考虑，消除对进口的一些额外限制； 4. 将汇率设定在与实际相符的水平，降低贸易品与非贸易品的偏差。
20 世纪 80 年代后半期	提高关税。关税占进口总额的比例从 1977—1978 年的 27% 提高到 1987—1988 年的 62%。

续表

时　间	措　施
1985—1986 年到 1986—1987 年	采取措施促进出口。 1. 针对出口商免税进口品建立收付账册办法，拓宽了现存预先许可证的范围； 2. 提高企业收入税的扣减力度，免税率达到净外汇加出口留存收益 50%（1988 年增加到 100%）的 4%； 3. 出口信贷利率由 12% 下降到 9.5%； 4. 加快出口贷款处理和退税速度； 5. 提高为抵消内部税建立的现金补偿性支持（CCS）的比率； 6. 对主要出口部门推出原材料国际价格补偿办法； 7. 允许保留 5% ~10% 外汇收入用于出口导向目的； 8. 对强力推进行业的出口商进口资本品实行免税政策； 9. 全额免除货物税和国内税收； 10. 对出口份额超过产出 25% 的公司免除印度工业发展银行（IDBI）贷款利息费用的 20%。
1991 年	取消所有投入与资本品的进口关税，仅对消费品进口保留关税。
1994 年	经常项目可自由兑换，汇率统一，加速资本账户开放。
2001 年	取消消费品进口关税，仅农产品保持高额关税。 政府将汇率贬值 22%。

附录 B

中国的贸易改革

时　间	措　施
20 世纪 80 年代初	贸易的地方分权。中央建立了外经贸部直属的外贸公司(FTCs)，各省和地方建立了办事处，同时各省也建立了自己的外贸公司。全资或合资外商投资企业有权管理自己的贸易。
1984 年	国务院批准了外经贸部外贸体制改革的报告，FTCs 从外经贸部独立出来，被授权全权负责行使与贸易有关的日常职责。得到外经贸部的批准，大型生产企业可以自行管理本企业的贸易。
1986 年	正式向关税与贸易总协定提出回复中国在 GATT 缔约国地位的申请。
1988 年	采取重建外贸体制的计划，强调合同责任制，外经贸部权力下放。省级外经贸委也被授权处理未列入出口许可证的商品。直接权力资格包括直接出口的最低水平和管理直接贸易的人员的资格。
20 世纪 80 年代	通过双重汇率体制和人民币贬值增强汇率对出口商的吸引力，建立外汇留成制度； 1981 年 1 月，政府实行官方和内部结算两条汇率体系； 1984 年，官方汇率贬值，两种汇率合二为一； 实行对用于出口投入的增值税和关税的退还制度。

续表

时间	措施
1992年	进口许可证范围下降到18%，与美国签订市场准入协议，承诺进一步缩小进口许可证的范围，1999年下降到4%；国务院转批外经贸部、国务院生产办《关于赋予生产企业进出口经营权有关意见的通知》，赋予国有生产企业进出口经营权。
1994年	《中华人民共和国对外贸易法》正式颁布实施。
1997年	正式颁布《中华人民共和国反倾销和反补贴条例》。
1999年	执行《关于赋予私营生产企业和科研院所自营进出口权的暂行规定》，赋予私营企业进出口经营权。
2001年	正式成为WTO成员国。
2002年	正式实施《对外贸易壁垒调查暂行规则》，标志中国已初步建立贸易壁垒调查制度。
2003年	原外经贸部职能与原国家计委、国家经贸委的部分职能整合，组建商务部，负责管理对外贸易。
2004年	实行新修订的《对外贸易法》，将外贸审批制改为登记制，增加个人行为作为外贸经营者。
2005年	履行入世承诺，取消所有进口配额、许可证和其他非关税壁垒。

附录 C

印度服务业——选择部门的开放

外资参股最高比例	部门数（子部门）	部　门
100%	23	机场项目（2）、酒蒸馏和酿造、雪茄和香烟制造、煤和褐煤采矿、咖啡和橡胶处理和贮存、建筑发展项目、非银行金融公司（批准的活动）、快递服务、园艺动物饲养等、危险化学品、工业炸药、采矿、科学杂志/特种期刊出版、能源、茶叶相关部门、贸易（4）、没有提供网关的 ISP、通讯设备制造、自由经济区内。
74%	5	银行（私营部门）、原子矿物、人造卫星设施和操作、基本介入服务、提供网关的 ISP。
51%	1	单一品牌零售。
49%	7	航空运输服务、基础设施/服务部门的投资公司、资产重组公司、有线网络、直接到家业务、装配硬件设施（如 HUB 等）。
26%	5	保险、上行新闻和时事电视频道、国防生产、报纸和杂志出版、石油天然气精炼。
20%	1	调频无线电通信。
0%	4	零售贸易、原子能、玩具企业和博采公司。

附录 D

1990 年以来中国的金融自由化进程

时 间	内 容
1990	上海证券交易所成立。
04/1990	修改《中华人民共和国中外合资企业法》，保证国家不对合资企业国有化，简化新企业批准流程，扩大外方的管理权。
05/1990	上海对外资开放，税收激励与经济特区相似。 国务院颁布《城镇国有土地使用权出让和转让条例》，促进外国投资者长期投资。
1991	深圳证券交易所正式成立。
04/1991	颁布《中华人民共和国外商投资企业和外国企业所得税法》，取消外资企业外国投资者向国外汇回收益收取的 10% 的税，统一中外合资企业和外商独资企业的税率。对工业部门制定更多的税收优惠。
1992	B 股市场启动。
03/1992	外资进一步自由化，很多内地和边境地区对外资开放。
07/1993	第一家中国公司——青岛啤酒在香港证券交易所上市。
1997	经国家外汇管理局批准金融机构被允许对外发债。
02/1999	第一家私营企业在海外上市。
02/2001	国内投资者可以用现有的外币存款购买 B 股。
06/2001	国内投资者可以用新的外币存款购买 B 股。

续表

时　间	内　　容
09/2001	允许购买外汇提前偿还借款和贷款。
04/2002	国务院颁布《指导外商投资方向规定》，外商投资项目分为鼓励、允许、限制和禁止四类。从前对外资关闭的部门得以开放。
12/2002	允许境外机构投资者（QFII）在一定限制下购买 A 股。
01/2003	国内居民向国内中资金融机构借入外汇无需经过国家外汇管理局批准。
11/2003	在部分省市，对外直接投资的限制由 1 亿美元提高到 3 亿美元。
2004	允许保险公司使用自由外汇投资国际资本。
01/2004	对香港银行在大陆开办分支机构的资产要求从 200 亿美元降低到 60 亿美元。对香港银行的其他限制也放松。
06/2004	国家外汇管理局发布《境内外资银行外债管理办法》，境内外资银行向境内机构发放的外汇贷款不得结汇，境内外资银行借用的外债资金不得结汇，还本付息不得购汇；通过 FDI 汇入的资本只能在国内支付的情况下结汇。
12/2004	允许外国继承人在境外继承财产，允许移民拥有合法获得的个人财产。
2005	外资公司首次在上海证券交易所上市。
02/2005	允许国内居民在海外开立公司从事套利和海外融资（发行债券和股票）。方便私营企业进入国际资本市场，以及外国投资银行或基金为中国公司提供金融服务。
04/2006	中国人民银行宣布合格境内机构投资者（QDII）计划，允许大陆中国金融机构投资于离岸证券。

附录 E

1990 年以来印度的金融自由化进程

时 间	内 容
07/1991	政府取消工业许可证体制（除 15 个关键产业），对公共部门保留的行业数目由 17 个减少到 6 个。大型企业（包括外资企业）扩大规模无需经过政府批准。允许外资公司控股合资企业，在 35 个得到自动许可的优惠行业外资允许持有最多 51% 的股份。新投资政策为印度海外移民提供很多刺激投资的优惠措施，包括很多部门的 100% 股权和允许全部利润汇回。
1992	通过《印度证券交易委员会法》，印度证券交易委员会（SEBI）以独立的监管机构的身份运作。
09/1992	允许外国机构投资者联盟（FIIs）参与印度市场。一个 FII 可以持有一个公司 5% 的股权，所有的 FIIs 可以持有公司 24% 的股份，权益投资出资必须达到 70%。整个 FIIs 必须拥有至少 50 个投资者。
1994	印度全国证券交易所（NSE）6 月开始交易证券，11 月开始交易权益。全国证券交易多的主要特点包括：所有更大地理范围的交易人平等进入，一个证券中介竞争的市场，在价格—时间优先的基础上进行交易的电子匹配，大量的交易拥有有保障的清算支持，以及更独立的公司治理结构。
11/1996	“100% 债务 FIIs” 这一新概念得到许可，允许 FIIs 购买公司债券，但是不允许购买政府债券。

续表

时　间	内　　容
04/1997	FIIs 对公司的所有权的最高份额由 24% 提高到 30%，但要求股东决议。
04/1998	允许 FIIs 持有政府债券，但是不能超过 10 亿美元。
06/1998	单个 FII 对公司所有权的最高份额由 5% 提高到 10%，允许 FIIs 部分地使用远期市场规避货币敞口风险，允许 FIIs 以限定的方式交易衍生权益。
08/1999	放松 FIIs 的 50 个最低投资者要求，降低到 20 个。
02/2000	允许外资公司和个人作为 FIIs 的“子账户”进入印度市场。允许地方基金管理者通过子账户对外资公司和个人进行基金管理。
03/2000	FIIs 对公司的所有权的最高份额由 30% 提高到 40%，但要求股东决议。
03/2001	FIIs 对公司的所有权的最高份额由 40% 提高到 49%，但要求股东决议。
09/2001	FIIs 对公司的所有权的最高份额由 49% 提高到该产业的“部门最高限额”，但要求股东决议。
12/2003	取消 FIIs 使用远期货币市场规避风险的种种限制。
11/2004	FIIs 持有的公司债券的最高限额提高到 5 亿美元。
2/2006	FIIs 持有的政府债券和公司债券的最高限额分别提高到 20 亿美元和 15 亿美元。

附录F

中国和印度劳均产出的分解（WDI）

年份	中国				印度			
	Δln(Y/L)	Δln(K/Y)	Δln(h)	Δlh(A)	Δln(Y/L)	Δln(K/Y)	Δln(h)	Δlh(A)
增长率								
1980—2003	7.52	-0.17	1.58	6.11	3.72	-0.25	1.30	2.66
1980—1991	6.38	-0.41	1.70	5.09	3.41	-0.29	1.37	2.33
其中：								
1980—1985	7.39	-1.71	1.55	7.55	3.35	-0.47	1.45	2.38
1985—1991	5.54	0.67	1.83	3.04	3.46	-0.13	1.31	2.29
1991—2003	8.57	0.05	1.46	7.05	3.99	-0.21	1.24	2.96
其中：								
1991—1998	9.43	-0.32	1.38	8.37	4.33	-0.31	0.65	3.99
1998—2003	7.36	0.58	1.59	5.20	3.52	-0.07	2.07	1.52
对产出的贡献								
1980—2003	100.00	-2.27	20.97	81.29	100.00	-6.64	35.08	71.56
1980—1991	100.00	-6.50	26.66	79.83	100.00	-8.39	40.17	68.22
其中：								
1980—1985	100.00	-23.19	20.94	102.25	100.00	-9.40	43.17	70.92
1985—1991	100.00	12.05	33.03	54.92	100.00	-3.79	37.75	66.04
1991—2003	100.00	0.62	17.09	82.29	100.00	-5.27	31.10	74.17
其中：								
1991—1998	100.00	-3.43	14.60	88.83	100.00	-7.17	15.04	92.13
1998—2003	100.00	7.89	21.53	70.57	100.00	-1.99	58.72	43.27

资料来源：根据 WDI 的数据和公式（7.6）计算，其中人力资本的数据来自表 7.1。Δln（Y/L）、Δln（K/Y）——表中实际对应的数字为 $\alpha/(1-\alpha) * \Delta\ln(K/Y)$、Δln（h）、Δln（A）分别表示劳均产出、物质资本密度（资本产出比）、人力资本和全要素生产率的变化率。

参考文献

1. ［德］柯武刚、［德］史漫飞：《制度经济学：社会秩序与公共政策》，商务印书馆 2000 年版。

2. ［美］D. H. 罗伯特逊：“国际的未来”，《国际贸易论文集》，美国 1949 年版。

3. ［美］D. 格林沃尔德：《现代经济词典（中文版）》，商务印书馆 1981 年版。

4. ［美］R. 科斯、［美］A. 阿尔钦、［美］D. 诺斯：《财产权利与制度变迁》，三联书店上海分店 1991 年版。

5. ［美］安德鲁·肖特：《社会制度的经济理论》，上海财经大学出版社 2003 年版。

6. ［美］大卫·柯兰德：《新古典政治经济学》，长春出版社 2005 年版。

7. ［美］丹尼斯·C. 缪勒（1987）：《公共选择理论》，中国社会科学出版社 1999 年版。

8. ［美］道格拉斯·诺思（1981）：《经济史中的结构与变迁》，上海三联书店 1991 年版。

9. ［美］道格拉斯·诺斯：《制度、制度变迁与经济绩效》，上海三联书店、上海人民出版社 1994 年版。

10. ［美］弗朗辛·R. 弗兰克尔：《印度独立后政治经济发展史》，中国社会科学出版社 1989 年版。

11. ［美］杰罗德·迈耶：《经济发展中的主要问题》，牛津大学出版社 1989 年版。

12. ［美］罗纳德·I. 麦金农：《经济自由化的顺序：向市场经济过渡中的金融控制》，中国金融出版社 1993 年版。

13. ［美］曼库尔·奥尔森（1982）：《国家兴衰探源》，商务印书馆 1993 年版。

14. ［美］曼瑟尔·奥尔森（1965）：《集体行动的逻辑》，上海人民出版社、上海三联书店 1995 年版。

15. ［美］皮埃尔·R. 阿根、［美］彼得·J. 蒙蒂尔：《发展宏观经济学》，北京大学出版社 2004 年版。

16. ［美］普拉萨德、罗高夫、魏尚进、柯赛：《金融全球化对发展中国家的影响：实证研究结果》，中国金融出版社、国际货币基金组织 2004 年版。

17. ［美］特瑞克·海勒："民主的质量：自印度的比较经验"，《经济社会体制比较》，2005 年第 1 期。

18. ［美］西奥多·W. 舒尔茨："经济与人的经济价值的不断提高"，载于［美］科斯等著：《财产权利与制度变迁》，上海三联书店 1991 年版。

19. ［美］西蒙·库兹涅茨："现代经济增长：事实与思考"，载于《诺贝尔经济学奖金获得者演讲集》，商务印书馆 1985 年版。

20. ［美］约翰·康芒斯（1934）：《制度经济学》，商务印书馆 1962 年版。

21. ［美］詹姆斯·M. 布坎南、戈登·塔洛克（1962）：《同意的计算》，中国社会科学出版社 2000 年版。

22. [日] 高藤史絵 (2004): "インド経済政策の推移", http: //www. human. mie-u. ac. jp。

23. [日] 青木昌彦:《比较制度分析》, 上海远东出版社 2001 年版。

24. [日] 小岛清: 《对外贸易论》, 南开大学出版社 1987 年版。

25. [英] 大卫·李嘉图:《政治经济学及赋税原理》, 商务印书馆 1983 年版。

26. [英] 赫勒·迈因特: "国际贸易与国内制度框架",《经济社会体制比较》, 2002 年第 6 期。

27. [英] 亚当·斯密:《国民财富的性质与原因的研究》, 商务印书馆 1994 年版。

28. [英] 约翰·穆勒:《政治经济学原理》(中译本下卷), 商务印书馆 1991 年版。

29. 邓宏图、李亚: "过渡期中国制度变迁的经济史解释: 1956—1996",《南开经济研究》, 2005 年第 2 期。

30. 冯巨章: "利益集团与集体行动, 一个文献述评",《财经科学》, 2006 年第 4 期。

31. 贺菊煌:《中国经济增长与可持续发展》, 社会科学文献出版社 1998 年版。

32. 华民:《西方混合经济体制研究》, 复旦大学出版社 1995 年版。

33. 黄景贵:《发展经济学研究——制度变革与经济增长》, 中国财政经济出版社 2003 年版。

34. 金玉国: "宏观制度变迁对转型时期中国经济增长的贡献",《财经科学》, 2001 年第 2 期。

35. 黎德福、陈宗胜: "改革以来中国经济是否存在快速的效率改进?"《经济学季刊》, 2006 年第 6 卷第 1 期。

36. 李坤望、黄玖立：“论中国省际劳均产出的差异”，《南开学报》，2006 年第 2 期。

37. 林毅夫：“后发优势与后发劣势——与杨小凯教授商榷”，北京大学中国经济研究中心讨论稿，No. C2002010，2002 年 7 月 18 日。

38. 柳新元：《利益冲突与制度变迁》，武汉大学出版社 2002 年版。

39. 盛斌：“国际贸易政策的政治经济学：理论与经验方法”，《国际政治研究》，2006 年第 2 期。

40. 盛斌：“中国加入 WTO 服务贸易自由化的评估与分析”，《世界经济》，2002 年第 8 期。

41. 盛斌：《中国对外贸易政策的政治经济分析》，上海三联出版社、上海人民出版社 2002 年版。

42. 世界银行本书编写组：《全球经济展望》，中国财政经济出版社 2004 年版。

43. 宋德勇：“工业化、市场化、国际化与中国经济增长”，《华中理工大学学报（社科版）》，1999 年第 3 期。

44. 佟家栋：“中国外贸体制改革探讨”，《南开学报》，1998 年第 1 期。

45. 佟家栋：《发展中大国的发展中大国的贸易自由化与中国》，天津教育出版社 2005 年版。

46. 佟家栋：《贸易自由化、贸易保护与经济利益》，经济科学出版社 2002 年版。

47. 涂红：《发展中大国的贸易自由化、制度变迁与经济发展》，中国财政经济出版社 2006 年版。

48. 汪立鑫：《经济制度变迁的政治经济学》，复旦大学出版社 2006 年版。

49. 王金营：“制度变迁对人力资本和物质资本在经济增长中

作用的影响”,《中国人口科学》, 2004 年第 4 期。

50. 王覃刚:“中国政府主导型制度变迁的逻辑及障碍分析”,《山西财经大学学报》, 2005 年第 3 期。

51. 王文博、陈昌兵、徐海燕:“包含制度因素的中国经济增长模型及实证分析”,《当代经济科学》, 2002 年第 2 期。

52. 韦森:“文化精神制度变迁与经济增长:中国——印度经济比较的理论反思”,《国际经济评论》, 2004 年 7 ~8 期。

53. 吴群刚:《变革与繁荣——中国经济崛起的制度视角》, 清华大学出版社 2006 年版。

54. 薛敬孝、佟家栋、李坤望:《国际经济学》, 高等教育出版社 2000 年版。

55. 杨冬云:《印度经济改革与发展的制度分析》, 经济科学出版社 2006 年版。

56. 杨光斌:“观念、制度与经济绩效——中国与印度经济改革的政治学理论价值”,《中国人民大学学报》, 2006 年第 3 期。

57. 杨正位:《对外贸易与经济增长》, 中国人民大学出版社 2006 年版。

58. Acemoglu, D. (1995), “*Reward Structures and the Allocation of Talent*”, European Economic Review, January 1995, 39, 17 (33).

59. Acemoglu, D., S. Johnson and J. A. Robinson (2000), “*The Colonial Origins Of Comparative Development: An Empirical Investigation*”, NBER Working Paper 7771.

60. Acemoglu, D., S. Johnson and J. A. Robinson (2001), “*Reversal of Fortune: Geography and Institutions in the Making of the Modern World Income Distribution*”, NBER Working Paper 8460.

61. Acemoglu, D., S. Johnson and J. A. Robinson (2002), “*The Rise Of Europe: Altantic Trade, Institutional Change And Eco-*

nomic Growth", NBER Working Paper 9378.

62. Acemoglu, D., S. Johnson and J. A. Robinson (2004), "*Institutions as the Fundamental Cause Of Long-Run Growth*", NBER Working Paper 10481.

63. Acemoglu, D., S. Johnson and J. A. Robinson (2006), "*Income and Democracy*", MIT Department of Economics Working Paper No. 05-05.

64. Aizenman, J. and I. Noy (2004), "*Endogenous Financial Openness: Efficiency and Political Economy Considerations*", NBER Working Paper 10144.

65. Alfaro, L., S. Kalemli-Ozcan and V. Volosovych (2006), "*Capital Flows in a Globalized World: The Role of Policies and Institutions*", NBER Working Paper 11696.

66. Alston, L., G. Libecap and R. Schneider (2000), "*Land Reform Policies, the Sources of Violent Conflict, and Implications for Deforestation in the Brazilian Amazon*", Journal of Environmental Economics and Management, 39, 162 - 188.

67. Apoteker, T. and E. Crozet (2003), "*Davos versus Porto Alegre: A Survey on Key Issues Behind. International Trade and Financial Integration and Liberalization*", Communication at the 7th ISINI. International Congress, Lille.

68. Arzaghi, M. and V. Henderson (2005), "*Why Countries Are Fiscally Decentralizing, Handbook of Regional and Urban Economics*", Volume 4, edited by Vernon Henderson and Jacquse-Francois Thisse.

69. Assane, D. and A. Grammy (2003), "*Institutional framework and economic development: international evidence*", Applied Economics, Taylor and Francis Journals, vol. 35 (17), 1811 - 1817.

70. Balasubramanyam, V. N. and V. Mahambare (2003),

"*Foreign direct investment in India*", Lancaster University Management School Working Papers 000052.

71. Baldwin, R. (2003), "*Openness and Growth: What's the Empirical Relationship?*", NBER Working Paper 9578.

72. Bardhan, P. (1984), "*The Political Economy of Development in India*", Oxford University Press, Walton Street, Oxford.

73. Bargain, O., S. K. Bhaumik, M. Chakrabarty and Z. Zhao (2006), "*Returns to education in Chinese and Indian formal sectors: Implications for skills shortages*", The world Bank: the Employment and Development conference.

74. Barro, R. (1996), "*Democracy and growth*", Journal of Economic Growth No. 1, 1 – 28.

75. Barro, R. J. and J. W. Lee (1993), "*International Comparisons of Educational Attainment*", Journal of Monetary Economics 32.

76. Barro, R. J. and J. W. Lee (2000), "*International Data on Educational Attainment: Updates and Implications*", CID Working Paper.

77. Barro, R. and X. Sala-iMartin (1995), "*Economic Growth*", New York: McGraw-Hill.

78. Basu, S. R., S. G. Fan and X. B. Zhang (2007), "*Welfare comparison beyond GDP: An illustration from China and India*", HEI Working Paper No: 08/2007.

79. Baum, M. and D. Lake (2003), "*The Political Economy of Growth: Democracy and Human Capital*", American Journal of Political Science Vol. 47, 333 – 347.

80. Becker, G. (1983), "*A Theory of Competition among Pressure Groups for Political Influence*", Quarterly Journal of Economics, 98

(August).

81. Bekaert, G., C. Harvey and C. Lundblad (2001), "*Emerging Equity Markets and Economic Development*", Journal of Development Economics, Vol. 66, No. 2 (December), 465-504.

82. Bekaert, G., C. Harvey and C. Lundblad (2005), "*Does financial liberalization spur growth?*", Journal of Financial Economics 77 (2005) 3-55.

83. Bentley, A. F. (1908), "*The Process of Goveernment*", University of Chicago Press.

84. Besley, T. and R. Burgess (2004), "*Can Labor Regulation Hinder Economic. Performance? Evidence from India*", CEPR Discussion Paper No. 3260.

85. Bhagwati, J. (1982), "*Directly Unproductive Profit-Seeking (DUP) Activities*", Journal of Political Economy, Vol. 90, 988-1002.

86. Bhagwati, J. (1995), "*Democracy and Development: New Thinking on An Old Question*", Indian Economic Review, 1-18.

87. Bhagwati, J. (2004), "*In Defense of Globalization*", Oxford University Press.

88. Blackman, C. (2001), "*Local government and foreign business*", China Business Review, 28, 26-33.

89. Bloom, D. E., D. Canning and J. Sevilla (2002), "*Technological Diffusion, Conditional Convergence, and Economic Growth*", NBER Working Paper 8713.

90. Bolaky, B. and C. Freund (2004), "*Trade, Regulations and Growth*", World Bank Policy Research Working Paper 3255.

91. Borensztein, E., J. De Gregorio and J-W Lee (1998), "*How Does Foreign Direct Investment Affect Economic Growth?*", Jour-

nal of International Economics, Elsevier, vol. 45 (1), pages 115 – 135, June.

92. Bosworth, B. P. and S. Collins (2007), "*Accounting for growth: Comparing China and India*", NBER Working Paper 12943.

93. Brahmbhatt, M. (1998), "*Measuring Global Economic Integration: A Review of the Literature and Recent Evidence*", World Bank Globalization Key Readings.

94. Calderón, C. A. and R. Fuentes (2005), "*Complementarities between Institutions and Openness in Economic Development: Evidence for a Panel of Countries*", Cuad. econ., mayo 2006, vol. 43, no. 127, p. 49 – 80.

95. Castro, R., G. L. Clementi and G. MacDonald (2004), "*Investor Protection, Optimal Incentives, and Economic Growth*", the Quarterly Journal of Economics, vol. 119, issue 3, 1131 – 1175.

96. Chang, R., L. Kaltani and N. Loayza (2005), "*Openness Can Be Good for Growth: the Role of Policy Complementaries*", NBER Working Paper 11787.

97. Cohen, D. and M. Soto (2001), "*Growth and Human Capital: Good Data, Good Results*", CEPR Discussion Papers 3025.

98. Córdova, L., J. Ernesto and C. M. Meissner (2005), "*The Globalization of Trade and Democracy, 1870 – 2000*", NBER Working Papers 11117.

99. Daly, H. E. (1999), "*Globalization versus Internationalisation Implications*", Ecological Economics, Vol. 31, 3137.

100. Das, D. K. (2003), "*Quantifying Trade Barriers: Has Trade Protection Declined Substantially in Indian Manufacturing*", Indian Council for Research on International Economic Relations, Working Paper No. 105.

101. Davis, L. E. and D. C. North (1971), "*Institutional Change and American Economic Growth*", Cambridge University Press.

102. Davis, N. (2006), "*Evaluating the quality of FDI*", Oxford Investment Research.

103. De Long, B. (2003), "*India since Independence: An Analytic Growth Narrative*", in D. Rodrik (ed.), "In Search of Prosperity: Analytic Narratives on Economic Growth", Princeton University Press, Princeton, New Jersey.

104. De Melo, M., C. Denizer, and A. Gelb (1997), "*From Plan to Market: Patterns of Transitions*", in Blejer, M. I., and M. Skreb eds, "Macroeconomic Stabilization in Transaition Economies", Cambridge University Press.

105. Deloitte Research (2006), "*China and India: The Reality beyond the Hype*".

106. Djankov, Simeon, Edward Glaeser, Rafael La Porta, Florencio Lopez-de-Silanes, Andrei Shleifer (2003), "*The New Comparative Economics*", Journal of Comparative Economics, Vol. 2003/12.

107. Dollar, D., and A. Kraay (2003), "*Institutions, Trade and Growth*", Journal of Monetary Economics, Vol. 50, No. 1, 133 – 162.

108. Dollar, David (1992), "*Outward-Oriented Developing Economies Really Do Grow More Rapidly: Evidence From 95 Ldcs, 1976 – 1985*", Economic Development and Cultural Change, Vol. 4, No. 3, 523 – 544.

109. Doucouliagos, Chris and Mehmet Ulubasoglu (2004), "*Institutions and Economic Growth: A Systems Approach*", Econometric Society 2004 Australasian Meetings 63.

110. Easterly, William and Ross Levine (2001), "*It's Not Fac-*

tor Accumulation: Stylized Facts and Growth Models", Central Bank of Chile Working Papers No. 164.

111. Edwards, Sebastian (1998), "*Openness, Productivity And Growth: What Do We Really Know?*", NBER Working Paper 5978.

112. Edwards, Sebastian (2001), "*Capital Mobility and Economic Performance: Are Emerging Economies Different?*", NBER Working Paper 8076.

113. Edwards, Sebastian (2005), "*Capital Controls, Sudden Stops and Current Account Reversals*", NBER Working Papers 11170.

114. Engle, R., and C. W. J. Granger (1987), "*Co-Integration and Error Correction: Representation, Estimation and Testing*", Econometrica, 55, 251 – 276.

115. Fan, E. X. and J. Fepipe (2005), "*The Diverging Patterns of Profitability, Investment and Growth of China and India, 1980 – 2003*", CAMA Working Paper 22/2005.

116. Feng, Y. (1997), "*Democracy, Political Stability and Economic Growth*", British Journal of Political Science 27: 3 (July), 391 – 418.

117. Feng, Y. (2003), "*Democracy, Governance, and Economic Performance: Theory and Evidence*", Cambridge: MIT Press.

118. Ferguson, N. (2002), "*Slow road to reform stifles Indian market*", Intemational Financial Review, 21, 47 – 50.

119. Fischer, S. and R. Sahay (2000), "*The Transition Economies after Ten Years*", IMF Working Paper No. WP/00/30.

120. Fisman, R. J. and R. Gatti (2000), "*Decentralization and Corruption: Evidence across Countries*", World Bank Policy Research Working Paper No. 2290.

121. Foltz, J., B. Larson and R. Lopez (2000), "*Land Ten-*

ure, Investment, and Agricultural Production in Nicaragua", Development Discussion Paper No. 738.

122. Frankel, J. and D. Romer (1999), "*Does Trade Cause Growth?*", American Economic Review, Vol. 89, No. 3, 379 - 399.

123. Franklin, A. and D. Gale (2001), "*Comparative Financial Systems: A Survey*", Center for Financial Institutions Working Papers 01 - 15.

124. Gallego, F. and N. Loayza (2002), "*The Golden Period for Growth in Chile. Explanations and Forecasts*", in "Economic Growth: Sources, Trends, and Cycles", edited by N. Loayza and R. Central Bank of Chile.

125. Gerring, J. (2005), "*Democracy and Economic Growth: A Historical Perspective*", World Politics-Volume 57, Number 3, April 2005, 323 - 364.

126. Gourinchas, P-O. and O. Jeanne (2003), "*The Elusive Gains from International Financial Integration*", NBER Working Papers 9684.

127. Granger, C. W. J. (1969), "*Investigating Causal Relations by Econometric Models and Cross-Spectral Methods*", Econometrica, 1969, 37 (7): 424 - 438.

128. Granger, C. W. J. and P. Newbold (1974), "*Spurious Regressions in Econometrics*", Journal of Econometrics, 2, 111 - 120.

129. Grindle, M. S. and J. W. Thomas (1991), "*Public Choices and Policy Change: The Political Economy of Reform in Developing Countries*", The Johns Hopkins University Press, Baltimore.

130. Grossman, G. M. and E. Helpman (1991), "*Innovation and Growth in the Global Economy*", Cambridge Mass: The MIT Press.

131. Grossman, H. I. and M-S. Kim (1996), "*Inequality,*

Predation, and Welfare", NBER Working Paper 5704.

132. Guiso, L., P. Sapienza and L. Zingales (2006), "*Does Culture Affect Economic Outcomes?*", Journal of Economic Perspectives 20, 23-48.

133. Gwartney, J. D., R. G. Holcombe and R. A. Lawson (2006), "*Institutions and the Impact of Investment on Growth*", Kyklos, Vol. 59, No. 2, 255-273.

134. Hall, R. E. and C. I. Jones (1999), "*Why Do Some Countries Produce So Much More Output Per Worker than Others?*" Quarterly Journal of Economics 114, No. 1, 83-116.

135. Hammel, E. (2006), "*Stock Market Liberalization and Industry Growth*", Manuscript, Harvard Business School.

136. Heytens, P. and H. Zebregs (2003), "*How Fast Can China Grow?*", in Wanda Tseng and Marjus Rodlauer (editors), "China Competing in the Global Economy", International Monetary Fund, Washington, 2003.

137. Hofstede, G. (2001), "*Culture's Consequences: Comparing Values, Behaviors, Institutions, and Organizations across Nations*", Beverly Hills, CA: Sage.

138. Hutchison, M. and I. Noy (2005), "*How Bad are Twins? Output Costs of. Currency and Banking Crises*", Journal of Money, Credit and Banking 37 (4).

139. Islam, R. and C. E. Montenegro (2002), "*What Determines the Quality of Institutions?*", World Bank Policy Research Working Paper 2764.

140. Jacob, S. (2005), "*Endogenous Institutional Change in India*", Journal of Monetary Economics 43 (1999) 35-59.

141. Jacobs, J. (1992), "*Systems of Survival: A Dialogue on the*

Moral Foundations of Commerce and Politics", New York: 1992.

142. Jansen, M. and H. K. Nordås (2004), "*Institutions, Trade Policy and Trade Flows*", WTO Sraff Working Paper ERSD-2004-02.

143. Jones, C. I. and D. Scrimgeour (2005), "*The Steady-State Growth Theorem: Understanding Uzawa (1961)*", mimeo, http://elsa.berkeley.edu/~chad.

144. Jorgenson, D. and K. Vu (2005), "*Information Technology and the World Economy*", Scandinavian Journal of Economics 107 (4), December, 631-650.

145. Kaufmann, D., A. Kraay and M. Mastruzzi (2006), "*Governance Matters IV (2006)*", World Bank.

146. Kelegama, S. and K. S. Parikh (2003), "*Political Economy of Growth and Reforms in South Asia*", in Isher Ahluwalia and John Williamson (eds.), "The South Asian Experience with Growth", Oxford University Press, Delhi, India.

147. Khan, H. A. (1998), "*Technology, Development and Democracy: Limits of National Innovation Systems in the Age of Postmodernism*", USA: Edward Elgar.

148. Khan, H. A. (2004), "*Innovation and Growth in East Asia: The Future of Miracles*", Macmillian/Palgrave.

149. Klein, M. W. (2005), "*Capital Account Liberalization, Institutional Quality and Economic Growth: Theory and Evidence*", NBER Working Paper 11112.

150. Klein, M. W. and G. P. Olivei (2006), "*Capital Account Liberalization, Financial Depth and Economic Growth*", Working Paper, Tufts University.

151. Klenow, P. J. and R. C., Andres (1997), "*Economic*

Growth: A Review Essay", Journal of Monetary Economics, Elsevier, vol. 40 (3), pages 597 – 617.

152. Knack, S. and P. Keefer (1995), "*Institutions and Economic Performance: Cross Country Tests Using Alternative Institutional Measures*", Journal of Economics and Politics, 7, 3, 207 – 227.

153. Knack, S. and P. Keefer (1997), "*Does Social Capital Have an Economic Payoff? A Cross-Country Investigation*", Quarterly Journal of Economics 112, 1251 – 88.

154. Knowles, S. and C. Weatherston (2006), "*Informal Institutions and Cross-Country Income Differences*", Economics Discussion Paper 0604, University of Otago.

155. Kose, M. A., E. Prasad, K. Rogoff and S-J. Wei (2006), "*Financial Globalization: A Reappraisal*", IMF Working Paper, August.

156. Kostova, T. and S. Zaheer (1999), "*Organizational Legitimacy under Conditions of Complexity: The Case of the Multinational Enterprise*", Academy of Management Review, 24, 64 – 81.

157. Krieckhaus, J. (2004), "*The Regime Debate Revisited: A Sensitivity Analysis of Democracy's Economic Effect*", British Journal of Political Science Vol. 34, 635 – 655.

158. Krueger, A. O. (1974), "*The Political Economy of the Rent-Seeking Society*", American Economic Review, 64, 3, 291 – 303.

159. Kuijs, L. and T. Wang (2006), "*China's Pattern of Growth: Moving to Sustainability and Reducing Inequality*", China and the World Economy, Volume 14, Issue 1, January- February 2006.

160. Kumar, R. (1997), "*The Role of Affect in Negotiations: An Integrative Overview*", Joumal of Applied Behavioral Science, 33,

84 - 100.

161. Kumar, R. (2000), "*Confucian Pragmatism vs. Brahmanical Idealism: Understanding the Divergent Roots of Indian and Chinese Economic Performance*", Journal of Asian Business, 16, 49 - 69.

162. Kumar, R. and V. Worm (2004), "*Institutional Dynamics and the Negotiation Process: Comparing India and China*", International Journal of Conflict Management Vol. 15, No. 3, 304 - 334.

163. Kurzman, C. K., R. W. Werum and R. E. Burkhart (2002), "*Democracy's Effect on Economic Growth: A Pooled Time-Series Analysis, 1951—1980*", Studies in Comparative International Development 37: 1 (January) 3 - 33.

164. Lake, D. A. and M. A. Baum (2001), "*The Invisible Hand of Democracy: Political Control and the Provision of Public Services*", Comparative Political Studies, Vol. 34, 587 - 621.

165. Lane, P. R. and G. M. Milesi-Ferretti (2005), "*The International Financial Integration of China and India*", Federal Reserve Bank of San Francisco.

166. Laroche, M. and M. Merette (2000), "*Measuring Human Capital in Canada*", Working Paper. Canada: Department of Finance, University of Ottawa.

167. Li, Z. (2003), "*Equity Market Liberalization and Economic Performance*", Working Paper, Princeton University.

168. Ljungqvist, L. and T. J. Sargent (1995), "*The Swedish Unemployment Experience*", European Economic Review, 1995, 39 (5), 1043 - 1070.

169. MacDougall, G. D. A. (1960), "*The Benefits and Costs of Private Investment from Abroad: A Theoretical Approach*", Economic Record, Vol. 36, 13 - 35.

170. Maddison, A. (2001), "*The World Economy: A Millennial Perspective*", OECD.

171. Majumder, S. (2002), "*FDI: Hi China, Excuse me India*", the Hindu Business Line.

172. Mankiw, N. G., D. Romer and D. Weil (1992), "*A Contribution to the Empirics of Economic Growth*", Quarterly Journal of Economics, 107 (2): 407 - 38.

173. Mauro, P. (1995), "*Corruption and Growth*", the Quarterly Journal of Economics, Vol. 110, No. 3, 681 - 712.

174. Mincer, J. (1974), "*Schooling, Experience, and Earnings*", New York: Columbia University Press.

175. Mitton, T. (2006), "*Stock Market Liberalization and Operating Performances at the Firm Level*", Journal of Financial Economics, 81 (3): 625 - 647.

176. Mocan, N. (2004), "*What Determines Corruption? International Evidence from Micro Data*", NEBR Working Paper, No. 10460.

177. Morck, R., D. Wolfenzon and B. Yeung (2004), "*Corporate Governance, Economic Entrenchment and Growth*", NBER Working Paper 10692.

178. Morgan, M. S. (2001), "*The Foundation of 'Mordern' Economics: Engineering and Ideology*", EH Working Paper, 62/01, 2001.

179. Murphy, K. M., A. Shleifer and R. W. Vishny (1991), "*The Allocation of Talent: Implications for Growth*", Quarterly Journal of Economics, May 1991, 106 (2), 503 - 530.

180. Nandy, A. (1989), "*The Political Culture of the Indian State*", Daedilus, 118: 1 - 26.

181. Navy, A. (1991), "*Social Choice in Eastern Europe*",

Journal of Comparative Economics 15: 266 – 283.

182. Needham, J. (1964), "*Science and Society in East and West*", Science and Society, 1964, 4: 385 – 408.

183. Nisbett, R. E., I. Choi, K. Peng and A. Norenzayan (2001), "*Culture and Systems of Thought: Holistic vs. Analytic Cognition*", Psychological Review, 108, 291 – 310.

184. North, D. (1990), "*Institutions, Institutional Change and Economic Performance*", Cambridge University Press, New York.

185. OECD (2005), "*OECD Economic Surveys: China*".

186. Panagariya, A. (2004), "*Growth and Reforms during 1980s and 1990s*", Economic and Political Weekly June 19, 2004.

187. Panagariya, A. (2006), "*India and China: Trade and Foreign Investment*", Pan Asia 2006 Conference, Stanford Cnter for International Development, June 1 – 3, 2006.

188. Patnaik, I. and A. Shah (2005), "*India's Experience with Capital Flows: The Elusive Quest for a Sustainable Current Account Defecit*", NBER Working Paper 11387.

189. Peltzman, S. (1976), "*Toward a More General Theory of Regulation*", Journal of Law and Economics 19: 211 – 240.

190. Perkins, D. (2005), "*China's Recent Economic Performance and Future Prospects*", Paper presented at a Japan Economic Research Center Workshop in Tokyo, October 22, 2005.

191. Prescott, E. C. (1998), "*Needed: A Theory of Total Factor Productivity*", International Economic Review, Vol. 39 (3): 525 – 51.

192. Przeworski, A., M. Alvarez, J. A. Cheibub and F. Limongi (2000), "*Democracy and Development: Political Institutions and Material Well-Being in the World, 1950 – 1990*", Cambridge: Cam-

bridge University Press.

193. Psacharopoulos, G. and H. A. Patrinos (2004), "*Returns to Investment in Education: A Further Update*", Educational Economics, Vol. 12 (2): 111 - 134.

194. Putnam, R. D., R. Leonardi and R. Nanetti (1993), "*Making Democracy Work: Civic Traditions in Modern Italy*", Princeton University Press, Princeton, NJ.

195. Rajan, R. G. and L. Zingales (2003) The great reversals: the politics of financial development in the twentieth century. Journal of Financial Economics, Vol. 69, 5 - 50.

196. Rigobon, R. and D. Rodrik (2004), "*Rule of law, Democracy, Openness, and Income: Estimating the Interrelationships*", NBER Working Paper 10750.

197. Rodriguez, F. and D. Rodrik (1999), "*Trade Policy and Economic Growth: A Skeptic's Guide to Cross-National Evidence*", NBER Working Paper, WP/99/7081. Revised version 2000 in: Bernanke, Ben and Kenneth Rogoff (2001), "Macroeconomics Annual", MIT Press for NBER.

198. Rodriguez, F. and D. Rodrik (2001), "*Trade Policy And Economic Growth: A Skeptic Guide To The Cross-National Evidence?*", NBER Working Paper 7081.

199. Rodrik, D. (2000a), "*Institutions for High-Quality Growth: What They Are and How to Acquire Them*", NBER Working Paper 7540.

200. Rodrik, D. (2000b), "*Trade Policy Reform as Institutional Reform*", in "Developing Countries and the Next Round of WTO Negotiations", edited by Bernard Hoekman and dedicated to Mike Finger.

201. Rodrik, D. (2002), "*Institutions, Integration, and Geography: in Search of the Deep Determinants of Economic Growth*", ht-

tp: //www. ksg. harvard. edu/Rodrik.

202. Rodrik, D. (2005), "*Why We Learn Nothing from Regressing Economic Growth on Policies*", Harvard University Working Paper.

203. Rodrik, D. and A. Subramanian (2004), "*From 'Hindu Growth' to Productivity surge: the Mystery of the Indian Growth Transition*", NBER Working Paper 10376.

204. Rodrik, D., A. Subramanian and F. Trebbi (2002), "*Institutions Rule: the Primacy of Institutions over Geography and Integration in Economic Development*", NBER Working Paper 9305.

205. Rufin, C., U. S. Rangan and R. Kumar (2003), "*The Changing Role of the State in the Electricity Industry in India, China, & Brazil: Differences and Explanation*", American Joumal of Economics and Sociology, 62, 649 - 675.

206. Ruttan, V. W. (1978), "*Induced institutional change*", in H. P. Binswanger and V. W. Ruttan, eds. "Induced Innovation", Baltimore: the Johns Hopkins University Press.

207. Sachs, J. D. and A. Warner (1995), "*Economic Reform and the Process of Global Integration*", Brookings Papers on Economic Activity, Vol. 26, 1 - 118.

208. Sachs, J. D., W. T. Woo and X. K. Yang (2000), "*Economic Reforms and Constitutional Transition*", Annals of Economics and Finance, Vol. 1, No. 2, 435 - 491.

209. Saez, L. (1998), "*A Comparison of India and China's Foreign Investment Strategy toward Energy Infrastructure*", Joumal of Developing Areas, 32, 199 - 220.

210. Saha, A. (1992), "*Basic Human Nature in Indian Tradition and Its Economic Consequences*", International Journal of Sociology and Social Policy, 12, 1 - 50.

211. Samman, E. (2005), "*Openness and Growth: An Empirical Investigation*", Human Development Report Office Occasional Paper.

212. Sekhar, C. S. C. (2005), "*Economic Growth, Social Development and Interest Groups*", Economic and Political Weekly, Vol 40, No 50, Dec 10-16, 2005, 5338-5346.

213. Schultz, T. W. (1968), "*Institutions and the Rising Economic Value of Man*", American Journal of Agricultural Economics, 50, 1113-1122.

214. Scott, R. (1995), Institutions and Organizations. Thousand Oaks, CA: Sage.

215. Sekhar, C. S. C. (2004), "*Role of Interest Groups, Institutions and Civil Society in Development - Lessons from India's Experience*", Http: //www. gdnet. org.

216. Singh, P. N., S. C. Huang and C. G. Thompson (1962), "*A Comparative Study of Selected Attitudes, Values, and Personality Characteristics, of American, Chinese, and Indian students*", Joumal of Social Psychology, 57, 123-132.

217. Sinha, J. B. P., N. Vohra, R. B. N. Singhal and S. Ushashree (2002) Normative predictions of collectivist-individualist intentions and behavior of Indians. International Journal of Psychology, 37, 309-319.

218. Solow, R. M. (1957), "*Technical Change and the Aggregate Production Function*", Review of Economics and Statistics, XXXIX: 312-20.

219. Srinivasan, T. N. (2006), "*China, India and the World Economy*", Stanford Center for International Development Working Paper No. 286.

220. Srinivasan, T. N. (2007), "*Economic Reforms, External*

Opening and Growth: China and India", the Brookings-NCAER India Policy Forum 2007 New Delhi.

221. Stigler, George J. (1971), "*The Theory of Economic Regulation*", Bell Journal of Economics, 1971, 2 (Spring).

222. Tabellini, G. (2005), "*Culture and Institutions: Economic Development in the Regions of Europe*", CESIFO Working Paper No. 1492.

223. Tang, S. H. K., N. Groenewold and C. K. Y. Leung (2003), "*Institutions, Technical Change and Macroeconomic Volatility, Crises and Growth: A Robust Causation*", mimeo, Chinese University of Hong Kong.

224. Thomas, V. (2000), "*The Quality of Growth*", Published for the World Bank Oxford University Press.

225. Toye, J. (1999), "*The Sequencing of Structural Adjustment Programmes: What are the issues?*", UNCTD/UNDP Occasional Paper 70.

226. Tyler, T. R. (1994), "*Psychological Motives of the Justice Motive: Antecedents of Distributive and Procediual Justice*", Joumal of Personality and Social Psychology, 67, 850 - 863.

227. Ulukaev, A. (1997), "*Democracy, Liberalism and Economic Growth*", Voprosi Economiki, 11, 4 - 19.

228. UNCTAD (1997), "*Trade and Development Report 1997*", New York and Geneva.

229. United Nations (2006), "*World Investment Report 2006- FDI from Developing and Transition Economies: Implications for Development*", New York and Geneva.

230. Uzawa, H. (1961), "*Neutral Inventions and the Stability of Growth Equilibrium*", Review of Economic Studies, Vol. 28 (2):

117 - 124.

231. Van Hove, J. (2006), "*The Impact of Technological Spillovers on the Quality of European International Trade*", International Conference on Business, Management and Economics, vol. 2, 65 - 75.

232. Wacziarg, R. and K. H. Welch (2005), "*Trade Liberalization and Growth: New Evidence*", NBER Working Paper 10152.

233. Whalley, J. and Xian X. (2006), "*China's FDI and Non-FDI Economies and the Sustainability of Future High Chinese Growth*", NBER Working Paper 12249.

234. Wei, S-F (2000), "*Natural Openness and Good Government*", World Bank Policy Research Working Paper 2411.

235. Williamson, J. and R. Zagha (2002), "*From Slow Growth to Slow Reform*", Institute for International Economics, Washington, DC.

236. Winter, L A. (2004), "*Trade Liberalization and Economic Performance: An Overview*", The Economic Journal, Vol. 114, No. 493, 4 - 21.

237. Winter, L. A. and S. Yusuf (2007), "*Dancing with Giants: China, India and the Global Economy*", The World Bank.

238. WTO (1995), "*International Trade: Trends and Statistics 1995*", Geneva.

239. Zheng, J. H., A. Bigsten and A. G., Hu (2006), "*Can China's Growth Be Sustained? A Productivity Perspective*", Mimeo. China Center for Economic Research.

后记

本书是在我博士论文的基础上修改而成的。论文的完成已经一年有余，但是我仍然无法停止对印度这个充满个性国度的关注和思索。尽管它无法给世界提供一个易于模仿的成功的发展路径，但是它令全球的惊叹程度并不亚于当年的东亚奇迹以及中国奇迹。所以，从某种意义上来说，这部专著只是我研究印度经济发展路径的开始，我期待自己能在未来的教学和研究生涯中能从与同僚和学生的合作交流中得到更多的启迪，有更深刻的专著问世。

人生中有太多的偶然，因而有太多的机遇。有幸先后于南开大学、澳门大学和爱知大学攻读两个硕士学位和两个博士学位，对我而言是机遇带来的幸运。南开大学是我的母校，多年来我一直努力探究和汲取博大精深南开文化的精髓，随着年龄的不断增长，我发现自己永远处于由表及里的状态，但是每一个新的体会都是我人生之路上的宝贵财富。

澳门大学的欧洲研究硕士课程让我更好地了解到欧盟的最新发展，接触到很多新文献，拓宽了我的视野，开启了我的思路。

爱知大学大学院中国研究科的学习经历帮助我完成知识结构的

转型，赋予我新的思考方式，将我曾经凌乱的多学科研究背景有序地串联起来，帮助我从更深、更全面的角度进行中印比较领域的研究。

十几年的求学和研究生涯，一路走来，得到太多师长和学友们的帮扶和支持，在此致以深深的谢意。

首先我要感谢南开方面的硕士和博士导师佟家栋教授。先生不仅是我学术道路的领路人，更是教于我很多做人的哲学，当我发现自己的行为方式不自觉地深深受到老师的影响，才真正理解“师者，传道、授业、解惑也”的涵义。是老师鼓励曾经怯生生的我去参与竞争，并通过成功来获取自信；是老师自己孜孜不倦的拼搏精神激励我不要在困难面前气馁；是老师不断取得的丰厚果实让我无法在学业上懈怠。老师给我创造了宽松的学习环境，让我自由去寻找自己感兴趣的领域，但又从来不允许我敷衍了事，凡事求精细，这些让我终生受益。我还要感谢温惠贤良的师母赵薇女士，她的关怀给了我精神上的支持。

感谢我的日方导师古泽贤治教授，尽管分开已经两年有余，先生和蔼可亲、温文儒雅的学者形象仍然时常清晰地浮现在我的脑海。我钦佩先生对社会主义市场经济的前瞻性研究和对中国经济现象的独到见解，感叹先生敏锐的洞察力，每次都能从我的陈述中找到问题，而且切中要害，让我的学术水平不断得到提高。先生还时刻不忘我们是初来日本的外国学生，尽可能从各方面照顾我们。为了让我们驱除对异国的陌生感、丰富我们的视野，先生拖着病后的弱体，亲自陪同我们到日本文化的起源地——京都考察。

感谢南开大学的马君潞教授、李坤望教授、李志辉教授、周爱民教授、高乐咏教授、张伯伟教授、刘重力教授、李荣林教授、宫占奎教授、胡昭玲副教授和刘澜飚副教授在学习工作中，以及本书写作的过程中给我提出的很多好的建议，让我能克服研究路径的困难。感谢盛斌教授和涂红老师，是他们开创性的工作让我在著作完成的过程中走了很多捷径。

感谢加加美光行教授，是他在每个星期做两次透析的情况下仍坚持推进国际中国学的研究事业，并为我们创造去日本学习的机会。先生从教三十余年，始终爱生如子，让我们不断感受到父爱和师爱的双重温暖。先生四十年坎坷崎岖的中国研究经历始终充满丝路花语。耕耘中常有青鸟殷勤探看，耕耘后更有落英缤纷的心路历程。先生苦心研究的中国研究方法论，为我们从事中国研究开启了一扇希望之门，让我们能超脱国境领悟到中国学的博大精深。

感谢爱知大学校长佐藤元彦教授，在爱知大学的所有教授里面，他和我的专业是最接近的，尽管不是我的导师，但是他从来都不介意我过多地占用他的时间和他讨论问题。感谢高桥五郎教授、陆丁教授、山本一巳教授，我的老师和朋友 Martin Jackson 教授和 Eric Haiwat 教授，他们的课程给了我很多启发。

感谢李春利、榧根勇、杨栋梁、张琢、川井伸一、高明洁、松冈正子、马场毅等教授对我在日本学习期间的关心和帮助，让我的日本学习生活因此变得充实而愉快。感谢国际中国学研究中心（ICCS）事务室对我的帮助，两年的研究助理经历让我受益颇丰。

感谢一起留日的南开和人大的校友杨妍、沈一民、宋维强、方琢、许光清、徐正源、雷日赣、朱辉宇和汤忠刚，留学期间，我们相互扶持，相互温暖，因为他们，异国陌生的夜空也充满温暖的气息。感谢柯利华大姐和黄英小妹，留学期间他们花费了很多时间陪伴和帮助我，也让我们结下了终生的友谊，他们对本书的日文资料部分做了很多工作。

感谢我同门的师姐谢娟娟老师、林力老师、张寒冰、李政丹，师兄周申老师、李斌、蔡向武、赵新平、张焦伟、徐斯霖、杜金东、刘钧霆，师弟曹吉云、刘程、杨珍增，师妹黄春媛、汪小雯、周新、云蔚，他们不仅对本书提出了非常好的建议，而且非常贴心，让我的博士学习生活从未感到过孤独。

感谢黄玖立老师和赵果庆副教授对本著作从全局到计量部分的有益指点。感谢王熠博士牺牲宝贵的学习时间，对我著作的数据验证所作出的大量细致而琐碎的工作。感谢苑涛副教授、何永江副教授、彭支伟、蔡伟雄、白雪飞对我著作写作的帮助。感谢亚利桑那大学的吴疆教授为帮助我查找数据作出的努力。

感谢中国财政经济出版社的张冬梅女士和其他工作人员对本书付梓所作的大量细致的工作。

感谢我的家人对我的支持和理解。感谢两位弟弟李将和周辉为加快本书完成而做的细致而琐碎的工作。感谢我的先生，是他的努力工作为我创造了轻松的研究环境。这本书从某种程度上讲是一份爱的回报。

王　芳

2008 年 11 月于南开园